Franz Trautmann

Alt Münchner Wahr und Denkzeichen

Ein Volksbuch

Franz Trautmann

Alt Münchner Wahr und Denkzeichen
Ein Volksbuch

ISBN/EAN: 9783743403796

Hergestellt in Europa, USA, Kanada, Australien, Japan

Cover: Foto ©ninafisch / pixelio.de

Manufactured and distributed by brebook publishing software (www.brebook.com)

Franz Trautmann

Alt Münchner Wahr und Denkzeichen

Alt Münchner
Wahr- und Denkzeichen.

Ein Volksbuch,

darin für Hoch und Nieder viele bunte Kunde zu
finden ist:

von alten Gebäuden, Grab- und anderen Steinen, Inschriften,
Glocken, Säulen, Kostbarkeiten und sonst merkenswerthen, sichtbaren,
hörbaren oder anders mahnenden Dingen, weiters von verschiedenen
irdischen und überirdischen Vorfällen, als Aufläuften, Begräbnissen,
Trauergottesdiensten, absonderlichen Geistererscheinungen,
auch von Legenden und so mehr.

Alles ganz frisch weg und ohne Wahl Kaiserlich, Hochfürstlich, Ritterlich
und Bürgerlich, Weltlich und Geistlich gemischt, wie sich das Wort
gibt — in gemüthlicher Deutung und Sage für Freunde
vergangener Tage

erzählt

von

Franz Trautmann.

München, 1864.
Verlag der J. J. Lentner'schen Buchhandlung.
(E. Stahl.)

Zum Voraus.

Lieber Leser! Ich ließ schon allerlei Kunde aus älteren Zeiten Land Bayerns und Münchens in die Welt ausgehen, und wenn ich dann inne wurde, Der oder Jener schaue nun auf Manches hin, was er früher wenig, oder gar nicht betrachtete, so freut es mich.

Ueber dieß kam mir der Gedanke, es möchte Vielen willkommen sein, möglichst Alles, was es an Wahr= und Denkzeichen zu München gibt, in Kürze nebenein= ander verzeichnet zu finden.

Da legte ich Hand an, schrieb das nieder, was Du jetzt gedruckt in Handen hast, und wenn Dir damit ein Gefallen erwiesen ist, soll es mir sehr lieb seyn.

Hätte ich nun das Wort Wahrzeichen in ganz ge= wöhnlichem Sinne aufgefaßt, so wäre ich wohl viel kürzer abgekommen. Aber das war meine Absicht keineswegs, und ich glaube, Dir wäre auch kein Gefallen damit erwiesen worden. Somit findest Du folgend das Ver=

schiedenste — gleichviel, ob der einzelne Gegenstand sicht=
bar oder unsichtbar, mit Inschrift, oder ohne eine solche
vorhanden sei.

Mir galt eben Alles für ein sinnliches oder geisti=
ges Wahr=, Denk= und Merkzeichen, was irgendwie
der Betrachtnahme werth ist, Verschiedenes, was ganz
vergessen werden könnte, in der Erinnerung auffrischt —
und es galt mir um so mehr, wenn es mir auf hei=
tere oder mehr ernste Weise zu einer Mahnung von
Voreinst an Jetzt zu dienen schien.

Daß ich hie und da einmal kurzweg an Etwas aus
meinen früheren Geschichten erinnere, wirst Du mir
nicht übel nehmen — es ging das gelegentlich nicht an=
ders, weil das Betreffende bei den Wahr= und Denk=
zeichen nicht fehlen durfte.

So und jetzt hebt sich die Sache ganz frisch und
froh an — wenn es dort und da ein wenig düsterer
hersieht, hat es wohl auch nichts zu sagen, denn alles
Böse, wovon die Rede sein möchte, ist längst vorbei.

Inhalts-Verzeichniß.

———

Vom Ursprung der Stadt München.

eil hier folgend von den Münchner Wahr= und allerlei Denkzeichen verhandelt wird, ist es wohl billig, vom Ursprung dieser Stadt ein paar Worte verlauten zu lassen.

Damit war es aber in Kurzem so beschaffen.

Als Kaiser Carolus der Große in uralten Zeiten den bayrischen Herzog Tetzel vom Thron stieß und in das Kloster verwies, weil er sich nicht unter fränkische Herrschaft beugen wollte, worin man ihm unmöglich unrecht geben kann, so kamen Herzoge aus anderen Landen an das Regiment, und der Letzte derselben war Herzog Heinrich der Löwe, welcher Sachsen und Bayern zugleich inne hatte.

1

Mittlerweile nun Heinrich der Löwe die Herrschaft führte und auf seinen Vortheil bedacht war, bemerkte er, daß es ihm ungemein nützlich sein möchte, wenn eine gewisse Brücke, welche bei Vöhringen über die Isar ging, statt dessen ein wenig näher zu stehen käme, da, wo jetzt München befindlich ist.

Während des Heranreifens dieser Bemerkung umgab der Herzog einen hinlänglichen Bezirk mit Gräben und Mauern, ob auch in viel engerem Raum, als wir die Spuren der Stadtmauern heut' zu Tag noch sehen. Dieß that er, um sich gehörig sicher zu stellen, denn ganz wohl war ihm bei der vorhabenden Sache doch nicht. Darauf überfiel er Anno Domini 1156 die besagte Brücke in einer stillen Nacht — vielleicht war es aber auch am Tag, die Urkunden sind in diesem Betreff nicht so ganz genau — brach sie ab und ließ dann eine andere in der genannten Münchnergegend errichten.

Mit dieser tapferen und redlichen That erreichte er den Zweck, daß der Bischof Otto von Freisingen, dem die Brücke bei Vöhringen unten zugestanden, den Salzzoll nicht mehr erheben konnte; vielmehr alle Leute mit diesem Artikel und sonstiger Waare über die Brücke des Heinrichs reisen mußten, um weiter in's Land zu fahren, und vorher dem Herzog den Salzzoll zu erlegen hatten. Dazu kam der Marktzoll, und überdieß errichtete der Herzog noch eine Münzstätte.

Ueber alles das entstand begreiflich kein kleiner Groll und Streit, die Sache kam bis zum Kaiser Friedrich Barbarossa und Der entschied zwei Jahre später zu Gunsten des Herzogs. Er befahl ihm aber, den britten Theil Gewinn an den Bischof von Freisingen zu bezahlen.

Als nun Heinrich Leo seiner Sache insoweit sicher und gewiß war, zogen sich immer mehr Menschen an den Ort mit der Brücke, und statt etlicher Hütten, welche in der Gegend der heutigen, oberen Kaufingergasse standen, wuchs eine ganze Ortschaft heran. Dieser verlieh er einen eigenen Gerichtsstand und später eine Pfarrei, und mit dem Allen wurde München zu einer rechten Stadt.

Wie sehr sich nun die Nachfolger des Freisinger Bischofes, der Adalbert und ein anderer Otto bemühten, München wieder seine Bedeutung zu nehmen, ja gar zu vernichten, so half doch Alles nichts mehr, sondern es kam immer mehr in Aufnahme und blühte fort und fort in guten und schlechten Zeiten, bis die Stadt, ihrer vielen schönen Kirchen und frommen Leute wegen, im vorigen Jahrhundert das „deutsche Rom" genannt wurde.

So war es mit dem Ursprung Münchens, das da schon in Mitte des zwölften Jahrhunderts entstand.

Bei alle dem verdienen die umliegenden Orte auch ihren Respekt. Denn zur selben Zeit geht schon die Rede von Ismaning, Brunnthal, Rammersdorf, Schleißheim, Neuhausen und Hohenschäftlarn; noch hundert Jahre früher von Forstenried, Berg und Kempfenhausen; wieder früher, im zehnten Säculum, von Feldmochingen, Perlach und Mosach; noch früher, im neunten, von Alling, Senklingen und Pullach; gar im achten von Giesingen, Hesselohe, Menzing, Pasing und Bayerbrunn. Es handelt sich also da schon um das eigentliche Uralterthum. Am allerurälteſten aber iſt das berühmte Dorf Drubring, benn das ſchreibt ſich gar aus der germaniſchen Heidenzeit her, als noch die Druiden ihren Spuck trieben.

Von all dieſen wüßte ich gar Manches zu berichten, und wer weiß, laſſ' ich deßhalb noch eine ganz eigene Geſchrift in die Welt ausgehen.

Da wird ſich dann das Weitere ſchon ausweiſen.

Münchnerkind.

 as Ur = Wahr=
zeichen Münchens
ist das Stabt=
fiegel.

Alleranfangs
war da ein Burg=
thor mit zwei
Thürmen zu sehen, unter
demselben ein Kopf mit einer
Kapuze, und über dem Thor weg ein aufwärts schauen=
der Aar.

Es trat aber später eine Aenderung ein und heut zu
Tage sieht man als Stadt=Wahrzeichen ein Mönchlein in
ganzer Figura, welches die Arme ganz frisch dehnt und
ein frumm frohes Gesicht aufweist.

Was es nun mit dem fraglichen Mönch auf's Genauere
sei, und ob nun die ehrsame Stadt München ihren Namen

vom Wort Mönch herleite, oder nicht, das hat den diversen
gelahrten Häuptern schon viel Streit und Kümmerniß ver=
ursacht. Das Ende war immer, daß Jeder recht haben
wollte, und zuletzt wußte man doch nichts Gewisses. Dem
sei also, wie da wolle, uns Münchnern ist der Mönch
ganz recht, denn wir sind selbst ganz froh und frumm,
wie der frohfrummste Mönch.

Im Uebrigen geht die altergraue Sage eines Vor=
falls, von welcher sich der Mönch herschreiben soll, und die
lautet so:

Zur Zeit die Ungarn, oder wie man sie auch noch
im zehnten Jahrhundert nannte, die Hunen, wieder einmal
in's Land Bayern einfielen und Alles verbrannten und
verwüsteten, wohin sie nur drangen — insonderheit auch die
Klöster — so glaubten die Mönche von Schäftlarn am linken
Ufer der Isar aufwärts, sie kämen vielleicht mit Heil da=
von, weil ihr Kloster nieder und ziemlich verborgen sei.

Da langte aber Nachricht an, es rücke ein Hunenschwarm
in die Gegend. Auf dieß ergriffen die Einen die Flucht
und machten sich in die damalige Oede, wo jetzt München
steht; die Anderen hofften dennoch, der Gefahr zu ent=
rinnen, wurden aber von den Hunen überfallen und hin=
gemordet. Wie das Die in unserer Gegend hörten, wagten
sie sich die längste Zeit nicht mehr heim, sondern bauten
sich eine Hütte und blieben, bis sie vernahmen, daß alle
Hunen vom Kaiser und Reich erschlagen seien. Dann
kehrten sie wieder in ihr Kloster zurück, das sie ganz in
Trümmern fanden, und bauten es nach Kräften wieder
auf. Ihr Besitzthum in unserer Gegend ließen sie aber

nicht ganz fahren und kamen dann und wann Isar abwärts. Wie nun das sei, so viel soll einmal ganz gewiß
sein, daß sich zu München die allererste Hütte mit etwelchem
Hafer- und Kornwuchs auf der Stelle befunden habe, wo
sich jetzt im Thal die Hochbrücke befindet.

Dem zu Folge meinten dann Etliche so: Weil sich
am besagten Ort Mönche aufhielten, hätte man's da mählig
bei den Mönchen genannt, und nach und nach sei dann
aus Allem, was weiters entstand, der Name München
geworden.

Das Kreuz in der Wieskapelle.

In der zugemauerten, ur=alten Kapelle auf der Wieden=, Wieskapelle, oder wie sie auch genannt ward, Herrgotts= Kapelle hinter St. Peter befand sich früher im Pflaster ein Kreuzzeichen.

Von dem erzählten mir alte Leute, da ich noch ganz jung, die Kapelle aber schon lange abgewürdigt war und wie noch heute, dazu diente, alte Akten und dergleichen aufzubewahren. In späterer Zeit kam ich einmal hinein und suchte aller Orte, fand jedoch nichts. Sei es, daß das Zeichen, welches schon dazumal undeutlicher gewesen sein soll, mählig ganz verwischt, oder der Stein mißachtet, um= gekehrt, oder entfernt wurde — es that mir leid genug, ihn

nicht mehr zu sehen. Ob er sich nun künftig noch vor-
finde, oder nicht, es handelt sich da um ein Wahrzeichen,
und mit dem ist es so beschaffen:

Als Herzog Ludwig der Strenge, welcher bekannter-
massen Anno Domini 1256 seine Gemahlin, die schöne
Maria von Brabant, zu Donauwörth aus Eifersucht tödten
ließ, von immer größerer Reue erfaßt ward, kam er von
seiner Hofburg, oder wenn er sonst des Weges war, öfters
in die Wieskapelle und betete allerherzinniglichst um Vergebung für seine That. Da meinte er einst, er sehe auf
der Epistelseite des Altars eine weibliche Gestalt, die der
Maria von Brabant ganz ähnlich sei und nicht zu mild,
aber auch nicht zu ernst auf ihn herüberschaue, und um
den schneeweißen Hals war's wie ein haarscharfer, rother
Streifen. Der war ihm schier das sicherste Zeichen. Als er
nun voll Kummer sein Haupt beugte und dann wieder
aufblickte, sah er nichts mehr von der Gestalt und glaubte,
es sei doch wohl nur ein Traumbild gewesen; er war aber
bei all dem einiges besseren Muthes, weil ihm Gott ein
Bild zugelassen habe, das ihn nicht mit Zorn anblickte.

Dafür dankte er, empfand so viel größere Sehnsucht nach
Vergebung, breitete die Arme gen Himmel und sagte in
aller möglichen Inbrunst: »O Domine, absolve me per in-
nocentiam Mariae!« Dieß sagte er zweimal und als er das
gethan hatte, erhob sich mählig ein Gesang, als ob Engel
sängen; und die mußten es wohl sein, weil er wußte, es
sei außer ihm Niemand in der Wieskapelle. Da horchte
er ganz andächtig zu, und als der Gesang endete, sagte er
zum Drittenmal, was vorher.

Da vernahm er eine süße Stimme hinter sich, die sagte: „Ludovice, te absolvit Dominus noster!"

Und als er von Gottes Verzeihung hörte und freudiglich umsah, schaute er der Maria von Brabant in's lichtglänzende Antlitz und vernahm, wie sie weiters sagte: „Sicut Deus et ego", das heißt, wie Gott, vergieb ich dir — und verschwand. Herzog Ludwig der Strenge aber fiel auf's Antlitz und weinte, wie ein Kind, ganz bitterlich, dennoch voll Freude, weil er nun wußte, daß ihm vergeben sei.

Zum Wahrzeichen aber heißt es, ließ er ein Kreuz an die Stelle graben, auf welcher die Maria hinter ihm gestanden.

Das Faustthürmlein am Sendlingerthor.

uf der Stadtmauer zur Linken des Sendlinger= thores, wenn man her= ausgeht, ist ein sonder= liches, spitzes Thürmlein zu sehen, und auf dessen Spitze eine Faust, die in Nähe und Ferne droht.

Manche meinten nun, es sei da einmal ein Hofnarr eingemauert worden, welcher die Thorschlüssel den Feinden aushändigte. Mit der Aushändigung hat es denn auch seine Richtigkeit, aber nicht mit dem Hofnarren. Sonst ist es im Ganzen ein rechtes Münchner Wahrzeichen, und da= mit ist es so beschaffen:

Vor etwa vierhundertundsechzig Jahren waren zu München ein paar Herzoge zu gleicher Zeit am Regiment, der Ernst und Wilhelm.

Diese zwei hatten einen wilden, unruhigen Vetter, Namens Ludwig, welcher ihnen oft und viel zu schaffen machte, bis er sich allgemach friedlicher verhielt; auch ließ er verbreiten, er sei die meiste Zeit ungemein unbaß, und mit dem und anderem brachte er es so weit, daß sich seine fürstlichen Vettern ganz sicher glaubten.

Inzwischen sie sich nun nichts Bösen mehr versahen, war er vielmehr auf ihren vollen Schaden bedacht, wollte sie gänzlich von München verscheuchen, die Stadt in Beschlag nehmen und verhandelte deshalb mit dem Bürgermeister von da.

Der war auch treulos genug, auf den Handel einzugehen und für goldene Hoffnung und Dank seine rechten Herren zu verrathen, und als die Angelegenheit fest abgemacht war, ging er seine Sache ganz klug an.

Denn er erkor sich etliche schlimme Gesellen, und die brachten es über kurze Zeit dahin, daß das Volk mißmuthig ward und die Köpfe zusammensteckte. So trieben sie es fort und fort, bis die Leute zu München fest daran glaubten, es gehe ihnen nicht so gut, als es sein sollte; kurz es fuhr ein wilder, störrischer Geist in sie — wer ihn angestiftet hatte, daran dachte zuletzt kein Mensch mehr, und darauf gab es bald dort, bald da nichts als Gemurmel und Zusammenrottirung.

Als das so vor sich ging, that der falsche Bürgermeister jeder Zeit, als sei er hoch erzürnt, erließ verschiedene Mahnungen und stellte immer wieder Ruhe her, weshalb ihm die Herzoge stets mehr vertrauten.

Das Gemurmel und Rottiren hob aber stets wieder an. Was immer die Herzoge thaten, und wäre es auch das Beste gewesen, es galt ein für allemal nichts mehr; hier und da ging allmählig die Rede, sie seien nicht einmal die rechten Herren, und zuletzt ward die Steuer strittig und nur mit Widerwillen erlegt. Im Ganzen, es sah' nicht zum Erfreulichsten aus; denn die Münchner waren voll Argwohn und Trutz, und die Herzoge waren voll Verbruß, Ungeduld und Mißliebe — und darauf hatte es der Bürgermeister abgesehen.

Als ihn nun die Herzoge fragten, was denn da weiters zu thun sei, sagte er: „Hohe Herren, Euch ist große Strenge nicht angenehm, mit der Milde aber fahren wir nimmer weit, so viel bedünkt mich sicher und gewiß. Also ist mein herztreuer Rath dieser: Sobald sich wieder etwas Aufrühriges zeigt, verlaßt diese undankbare Stadt, damit das Volk verspürt, was es heiße, wenn Ihr nicht da seid, und das viele Geld des Hoflagers wo anders hinfließt. Wenn sie das etliche Zeit empfunden haben, werdet Ihr bald sehen, daß sie zum Kreuz kriechen, um Eure Wiederkunft flehen und das gegebene Exempel nie mehr vergessen. Sollte aber wider Erwarten das Alles nicht zutreffen, so würde ich an Eurer Stelle auch nicht mehr säumen, sondern mit Gewalt und Zorn heimkehren und ihnen die verdammten, störrischen Köpfe mit dem Richtschwert brechen lassen — es kömmt auf ein Dutzend nicht an.“

Mit dieser Anrede kirrte er die gnädigen Herren, so daß sie seinem Rath folgten, sich bei nächster Unruhe auf ihre Rosse setzten und mit ihrer ganzen Hofhaltung die

Burg verließen, fort über den Marktplatz, bei St. Peter vorbeiritten und weiter durch die Senblingergasse zum Thor hinaus und auf Weilheim zu.

Als das geschah, stand das Volk auf Plätzen und in den Gassen umher und plauschte durcheinander. Der Bürgermeister aber, der die Herzoge scheinbar demüthig begleitet hatte, stieg mit seinen Helfern auf die Stadtmauer, schritt bis gegen das offene Wart=Thürmlein zur Linken, sah von dort den abziehenden Herzogen nach und rief, als sie in der Ferne verschwanden: „Viel Ade, Ihr hohe Herren! Das hätten wir gut angestellt! Ballt die Faust, wenn Ihr das Weitere vernehmt, ich ball' sie Euch hinwieder — heisa, Ihr seid draußen und nimmer kommt Ihr herein!"

Also waren die Herzoge fort, und es wurde fort und fort geplauscht und zuletzt gespottet: Die Herzoge seien aus Furcht abgezogen, theils vor dem Volk, theils vor ihrem fürstlichen Vetter, der keineswegs unbäßlich sei, sondern, wie eben verlaute, heranziehe, um die Stadt einzunehmen, die ihm gebühre.

Bei all dem Reden und Plauschen thaten des Bürger=meisters Helfer ihr Bestes und zeigten große Furcht vor dem Vetter, wenn man ihn nicht frei und friedlich ein=ziehen lasse; kurz das Volk wandte sich ganz und gar von seinen rechten zwei Herren ab und versah sich einer golde=nen Zukunft, wenn nur erst der neue Herr da wäre.

Als nun der Tag verstrichen, Gebetläuten vorüber war und der fürstliche Vetter Ludwig mit den Seinen wirklich vor die Stadt an's Angerthor rückte, ward ihm

das vom Volk angelweit aufgethan, obschon der Bürger=
meister zum Schein Bedenken zeigte.

Darauf zog der neue Herzog ein, sah mit lachendem
Antlitz und fast gnädig umher auf die Menge, und hinter
ihm ritt Einer, der warf Groschen aus, als ob da Geld
in Hülle und Fülle daher käme.

Drob entstand ein Jubelgeschrei um das andere, und
also ging es fort und weiter, bis der Vetter und Herzog
an der Burg absaß, von ihr Besitz nahm, und die Münchner
glaubten, nun hätten sie sich des Besten zu versehen.

Da gingen sie aber weit fehl — voraus der Bürger=
meister. Denn als er am nächsten Tag zum Herzog kam
und sagte: „Hoher Herr, es ist uns das Spiel wohl ge=
lungen", schlug ihn Jener auf die Schulter und sagte
entgegen: „Da fehlt sich's nicht, Ihr seid im Verrath ein
ganzer Mann. Habt nur Acht, daß Ihr mir's nicht eben=
so machen möchtet, denn es könnte übel für Euch ausfallen,
ich hab' viel bessere Augen, als meine vielgeliebten Vettern!"

Da kann sich Jeder des Bürgermeisters Staunen,
Schrecken und Enttäuschung denken, zumal weil der herzog=
liche Vetter nicht im Geringsten dergleichen that, als habe
er je ein Wort von Dank und Geldeslohn verloren. Viel=
mehr brach er von allem Vergangenen ab und befahl so=
gleich eine gewaltige Steuer; und als der Bürgermeister
stotterte, über solches Verlangen käme die ganze Stadt in
Aufruhr, fuhr Jener von seinem Sitz auf, schlug auf's
Schwert und verlangte Augenblicks Gehorsam. Darüber
verging dem Bürgermeister aller gute Muth, er war mit
einemmal über die Treppe hinab unten im Schloßhof, ohne

daß er recht wußte, wie er hinabgekommen sei, nächst ver=
ließ er die Burg voll Demüthigung und Zorn, begab sich
auf's Rathhaus, berief sämmtliche Bürger und verkündete,
was der neue Herr verlange.

Da entstand ein großer Rumor, und Einer machte
dem Andern Vorwürfe. Aber es half kein Zank und
Streit, die Steuer mußte erlegt werden, und über eine
Woche schrieb der Herr Vetter schon wieder eine aus, und
die war noch um Vieles höher.

So ging es von Woche zu Woche und von Mond zu
Mond, und es schien anders gar nicht, als ob der neue
Herzog ganz München an den Bettelstab bringen wolle,
denn er forderte stets öfter und stets mehr; und wo immer
sich die geringste Zusammenrottirung zeigte, da ließ er seine
Leute ohne Weiteres mit dem Schwert drohen.

Ueber all das gerieth das Volk in Verzweiflung;
denn so wohlhäbig und muthig es vordem gewesen war,
um so viel ärmer und gedemüthigter ward es jetzt, und
es sah Jeder ein, so könne es nicht mehr viel länger an=
währen, wenn man nicht sämmtlich Hunger sterben sollte,
denn es ging schon an die letzten Pfennige.

Dem Bürgermeister ging's aber auch nicht zum Besten,
denn zu allem seinem Zorn über des Herzogs Undank kam
noch die Verzweiflung über seine eigenen Helfer. Die ver=
langten rastlos Belohnung, und so oft und so viel er ihnen
geben mochte, sie verlangten immer auf's Neue und mehr.
Dabei drohten sie ihm ein über das anderemal, sie wollten
dem Volk Nachricht geben, wer an all seinem Leid schuld
sei — gar auch den zwei Herzogen, dem Ernst und Wilhelmus

zu verkünden, was er ihnen vom Thürmlein auf der Stadt=
mauer nachgerufen habe, worauf es ihm, dem Bürgermeister,
eben nicht gar gute Früchte tragen werde, wenn die zwei
Herren eines Tages doch wieder gen München kämen,
mittlerweil sie sich selbst wohl weiß brennen wollten.

Also sah sich der Bürgermeister gänzlich in seiner
Helfer und Spießgesellen Hand und bot nach und nach
sein Letztes auf, sie zufrieden zu stellen; und als dieß
erschöpft war, sah er sich gezwungen, zum Seckel der Stadt
zu greifen. Dazu verhöhnten sie ihn noch, so daß ihm
allerletzt doch die Geduld brach und er ihren Drohungen
Trotz entgegensetzte.

Darauf währte es nicht lange, so hielten die Schelme
ihr Wort, schwärzten den Bürgermeister aller Orte in der
Stadt an, verkündeten, was er auf der Stadtmauer zu
ihrem größten Staunen gerufen habe, und das ging von
Mund zu Mund. Eh' der Tag verflossen war, kochte und
gährte es im ganzen Volk, und eh' zwei weitere Tage
verflossen, erhob sich ein großer Rumor, des Bürgermeisters
Haus am Marktplatz ward gestürmt, und wäre er da gewesen,
hätten sie ihn sicher ermordet. Er war aber nicht daheim,
sondern wo anders, unweit der Burg — von da flüchtete
er zum Herzog und flehte ihn um Hülfe an.

Sagte der Herzog voll Hohn: „So lang ich da bin,
will ich Euch wohl schützen. Wann ich aber fort bin, seht
nur selber zu, wie Ihr's richtet; das kann bald kommen,
denn die längste Zeit bin ich schon da gewesen. Hier zu
Stadt ist nichts mehr zu holen, denn das Volk ist ärmer,
als arm, und hungriger, als die Kirchenmäuse. Also räum'

ich weiters nur mehr die Herzogsburg aus und zieh' mit
der kostbaren Habe von dannen. Wie's dann weiterhin
ergeht, ist mir ganz gleich. Das Volk hat seine gerechte
Strafe, und ich hoffe, Euch soll sie auch nicht ausbleiben.
Jetzt wißt Ihr's, wie ich gesinnt bin, und das sei Euer
Lohn, Ihr gottverdammter Verräther, der seinen rechten
Herren die Pflicht gebrochen hat. Meine Großmuth und
Gnade ist noch von der besten Art, denn wollte ich gerecht
sein, wär' billiger nichts, als daß ich Euch das Haupt ab=
schlagen ließe!"

Als das der Herzog in Gegenwart seines Marschalls
zum Bürgermeister sagte, meinte Der, ihn treffe vor Schre=
cken der Schlag und wollte Etwas stammeln. Der Herzog
aber donnerte ihm zu: "Auf da und fort aus meiner hei=
lig hochfürstlichen Nähe!"

Da machte der Bürgermeister wie der Blitz linksum
und sputete sich hinaus, der Herzog aber schickte ihm et=
liche Kriegsleute nach. Die brachten ihn heim, vertrieben
das Volk und hielten die Nacht über Wache, so daß dem
Bürgermeister nichts widerfuhr.

Mittlerweile ließ der Herzog Alles auf Wägen häu=
fen, was sich an Gold und sonstiger Kostbarkeit in der
Burg vorfand. So ging es die ganze Nacht hindurch bis
zum hellen Tag, und als eben die sieben Uhr Messe zu
St. Peter zu Ende war, schwang er sich im Burghof auf
sein Roß und zog aus mit allen seinen Grafen, Rittern und
dem Kriegsvolk; die paar Kriegsknechte vom Bürgermeister=
haus waren auch dabei, in der Mitte fuhren die beladenen
Wägen, und also ging's durch die Burggasse, an St. Peter

vorbei und weiter in die Sendlingergasse und gegen das
Stadtthor zu.

Da strömte das Volk grollend und schmähend mit;
der Herzog aber achtete darauf nicht, sondern lachte, als
freu' er sich des ohnmächtigen Zornes; am Sendlingerthor
aber hielt er an, wandte sich mit seinem Roß, griff in den
Seckel, warf eine Hand voll Groschen unter die Menge
und rief dazu: „Da, nehmt meinen Dank! Seht Ihr, also
viel ist mir Euer Groll und Zorn werth. Ihr habt's nicht
besser verdient. Viel Gruß an Eueren Bürgermeister, Der hat
Euch die Brüh eingebrockt, sonst wär' ich so weit nicht ge=
kommen! Blast auf, Trumpeter, mit Schall!"

Drauf warf er sein Roß herum und ritt zum Thor
hinaus; die Seinen nebst den Wägen folgten ihm nach
— und Alle fort hinaus und rechts ab auf die Freisinger
Landstraße zu.

So war der fürstliche Vetter wieder zur Stadt Mün=
chen draußen, das Volk aber eilte und drängte zum Markt=
platz zurück, am Bürgermeister Rache zu nehmen.

Der versah sich dessen gar wohl und wollte sich da
und dorthin verbergen. Es ließ ihn aber Niemand Zu=
flucht nehmen. Also wandte er sich von einem zum an=
deren Ort und nirgends fand er Sicherheit, denn überall
hieß es: „Hinweg, Verräther!" Da floh er entlang durch
Gassen und Gäßlein, und das Volk eilte ihm nach, und
seine eigenen Spießgesellen waren überall voraus, bis er
in einen offenen Hof gelangte, der war nahe am Sendlin=
gerthor. Da klomm er über eine Mauer und kam auf
einen stillen Pfad, der in den linken Thurm führte. In den

wischte er hinein, verriegelte die Thüre, machte sich auf die Stadtmauer hinauf, und von der dachte er schlimmsten Falls hinabzuklimmen, oder zu springen, daß er mit Heil die Freiheit gewinne, oder seinen Tod finde. Er kam auch über das Stiegenwerk hinauf und dachte, die Mauerwache niederzustoßen, falls sie ihm in den Weg trete; vom Rücken aber glaubte er sich für eine Weile sicher.

Dem war aber nicht so. Denn die Spießgesellen hatten seinen Pfad bald erkundet, die Menge kam heran, die Thurmthüre ward eingebrochen, dieselben Spießgesellen rannten die Treppen hinauf, ihnen so Viele nach, als vermochten, und riefen Alle der Mauerwache zu: „Greif' zu und halt den Verräther!"

Da rannte die Mauerwache auf den Bürgermeister zu und die Anderen kamen auf dem Gang oben von hinterher, so daß der Bürgermeister nicht mehr wußte, wo aus und an und nicht weiter, als bis zum offenen Thürmlein kam, wo er dazumal die Herzoge verspottet hatte. Nächst dem wollte er eben auf die Mauer klimmen und einen Sprung hinabthun, aber er hatte keine Zeit dazu, denn die Anderen griffen schon nach ihm.

Da riß er sein Schwert heraus und rief: „Nit umsonst!" Und hieb und stach um sich; und da er seine Helfer und Spießgesellen erkannte, rief er: „Ihr auf mich, die Ihr mein Werkzeug wart, Ihr Schurken, so wollt Ihr Euch weiß brennen? Wart, ich will Euch roth färben!" Und stach und hieb voll Wuth auf sie ein; sie hinwieder auf ihn. Da glückt' es ihm besser, als Ihnen; denn den Ersten stach er nieder und dann den Zweiten und den

Dritten warf er über die Brustwehr in die Stadt hinab,
daß es ihm den ganzen Schädel zerschmetterte, und dann
ging es gegen die Anderen. Die schrien und schlugen auf
ihn ein, und er hinwieder auf sie, vor sich und hinter sich.
Da that er noch Manchem Schaden; er aber ging auch
nicht leer aus, bis er ganz erschöpft war und sein Schick=
sal vor Augen hatte. Drauf raffte er die letzte Kraft zu=
sammen, rief: „Lebendig sollt Ihr mich nicht haben!“
und wollte über die Brustwehr seinem Helfer nach und sich
auch das Haupt zerschmettern. Aber die Anderen rißen ihn
zurück und warfen ihn zu Boden; da tobte und rang er
noch lange, bis er gebunden und gefesselt war.

Drauf führte man ihn davon, über den Mauergang
zurück, über das Gestieg' und Gestaffel des Thurmes hinab
in die Sendlingergasse und entlang durch die Stadt
bis zum Falkenthurm und warf ihn in den finstersten
Kerker.

Gleichen Tages berieth sich das Volk mit dem Rath
der Stadt, der an Allem schuldlos war, und da ward ein
Beschluß gefaßt, der Allen wohlgefiel.

Drauf setzten sich drei Rathsherrn zu Roß, desglei=
chen sechs von den Bürgern. Die ritten selbander aus und
fort zu den zwei rechten Herzogen, wo die zur Zeit waren,
das war etwa zu Dachau. Dort stellten sie alles Ge=
schehene vor Augen und flehten um Vergebung für die hart
geprüfte Stadt, „denn das Volk sei gut,“ sagten sie, „ja
vom allerbesten. Aber es sei verführt und verrathen wor=
den, gleichwie von teuflischer List. Also möchten die gnä=
digen Herren das bedenken, weiters keinen zu großen Groll

hegen und wiederkehren, denn es werde ihnen mit Reue und tausend Freuden aufgethan."

Da währte es nicht zwei Tage, so kamen die Herzoge heran, ritten um die Vesperzeit mit Trumpetenschall um die ganze Stadt und an jedes Thor, und jedes wurde ihnen aufgethan. Zuletzt ritten sie an das Angerthor, durch das thaten sie ihren Einzug, als sie in der Stadt waren, hielten sie eine kurze Weile an, und der Ernestus sagte zum Volk:

„Euch gebührte doch wohl gute, eindrückliche und scharfe Straf; denn Ihr habt hoch gefrevelt und Euch von heiliger Pflicht losgesagt, als ob es Euch bei je einem Anderen besser erginge, denn bei uns, die es doch stets gut mit Euch gemeint haben! Habt Ihr's nun gefunden und erfahren? Das ist mit Recht über Euch gekommen, drin hat unser Vetter ganz wahr gesprochen! In's Weitere sei Euch aber verziehen und vergeben, und es sei Alles vergessen und abgethan. Also bleibe von all dem Unglück kein Zeichen, als daß Ihr noch lange leere Seckel habt, davon wir Alle Schaden tragen, und daß dort das Angerthor vermauert werde. Das Zeichen währe für alle Zeit!"

Ueber diese milden Worte brach das Volk in Jubel aus. Die Herzoge aber ritten den Anger entlang und durch die Gassen weiter zum Marktplatz und fort, bis sie im Burghof von den Rossen stiegen. Da fanden sie die Burg von allem Gut' und Kostbaren leer, grämten sich darüber nicht wenig, ließen sich von Allem Bericht erstatten, was und wie die Sache von Anfang an beschaffen gewesen und weiter verlaufen sei, vernahmen dabei die ganze Sache des Bürgermeisters und zuvörderst, was er ihnen nachgerufen habe.

Nächsten Tags ward das Volk zum Rathhaus befohlen. Dahin kamen auch die Herzoge geritten, hielten an der Thüre an und befahlen, den Bürgermeister aus dem Falkenthurm zu nehmen und anherzuführen.

Da er nun in Ketten daherkam, fiel er vor den Herzogen auf die Kniee und flehte um sein Leben. Es schrie aber alles Volk gegen ihn. Drauf boten die Herzoge ab, und der Wilhelmus, heißt's, sprach mit lauter Stimme:

„Du Satansgesell, bittest du nun für dein Leben? Das sei dir geschenkt, und hättest doch besser um den Tod gefleht, so viel kann ich dir wohl melden. Denn du sollst wohl leben, du Verräther, aber also, daß dir das Sterben Tag für Tag willkommener wär.'" Drauf schwieg er und ließ seinen Bruder Ernestus reden, und Der sagte:

„Weißt du, wie du uns gerathen hast und was du uns am Thürmlein nachriefst, als wir von deiner List umgarnt, von hinnen zogen? Die Hand hast du uns zum Spott geballt und hast gerufen: Ihr seid draußen und kommt nimmer herein! Sind wir nun wieder da, oder nicht? So ist dein Wort zu Lügen geworden und zerbrochen. Was Wort aber wir dir zum Widerspiel anthun, das bleibt fest und beständig. Und das Wort lautet: In dem Thürmlein, daran du uns beschimpft und verhöhnt hast, sollst du eingemauert sein bis auf zweier Ziegel Weite, durch die man dir deine karge Atzung geben könne, und da bleibst du dann zum Widerspiel deines Wortes — da bist dann du drin und kommst du nim-

mer heraus! Wie aber du gegen Recht und Pflicht die
Hand geballt hast und des Volkes Leid und Elend auf
deiner Seele trägst, also ballen wir sie in einem Zeichen
auf deines Kerkers Spitze für stets dir und jedem Ver=
räther! Solches bring' deine Schmach auf die Nachwelt!
Dem aber, der dich nützte, uns zu vertreiben, und unser
treues Volk zu verführen, dem dien' es zur zeitlichen
Drohung, daß wir uns seiner Zeit auch an ihm zu rächen
gedenken!"

Auf dieß brach der Bürgermeister ganz verzweifelt
zusammen, aber die Schergen rissen ihn auf und führten
ihn fort zum Sendlingerthore und auf den Mauergang
zum Spitzthürmlein. Da waren schon die Maurer zur
Hand, das Volk drückt' und drängte sich unten innerhalb
der Stadt und sandte tausend Verwünschungen hinauf,
und eh' viele Zeit verstrich, war der Bürgermeister einge=
mauert.

Da hätte er seinen Lohn, und über kurze Frist hörte
er über sich hämmern, denn auf das Thürmlein ward eine
Faust geschmiedet.

So war die Sache beschaffen. Die Herzoge hatten
ihre Stadt wieder in Besitz, der Bürgermeister aber saß
in seiner engen Haft.

Drin lebte er vierthalb Jahre, und die Mauerwache
hörte ihn gar oft toben und rumoren; mit der Zeit aber
hörte sie ihn dann mehr klagen und seufzen, bis er einst
seine Atzung nimmer annahm und den Atzknecht um einen
geistlichen Herren bat. Der kam dann. Dem beichtete er
und trug ihm auf: „Die Herzoge und sämmtlich löbliche

Stadt um Vergebung zu bitten, nebstbei um ein mittelbi=
ges Vater unser und Ave Maria, denn es sei seine
Zeit da!"

Das richtete derselbe geistliche Herr wohl aus, und
Männiglich betete für die Seele des Bürgermeisters.

Nächsten Tages hörte man im Thürmlein nichts mehr,
als ein leises Flüstern; über den kommenden Tag gar
nichts mehr, und da war es klar, daß Der im Thürmlein
drin verstorben sei.

Drauf wurde die Mauer aufgeschlagen und der Bür=
germeister also todter gefunden. Er hatte die Hände fest
andächtig ineinander, schien sich demnach bis zum letzten
Augenblick ganz ruhig und tapfer verhalten zu haben.

Nächst wurde er herausgehoben und auf dem Fried=
hof bei hl. Geist begraben. Selbiger Friedhof ist im
Lauf der Zeit verkommen, also weiß man auch nicht mehr,
wo derjenige Bürgermeister liegt.

Das Thürmlein aber blieb auf Weiteres wieder offen,
und die Faust blieb auf der Spitze oben. Da mahnt sie
noch heut zu Tage an die Schmach des Verrathes, wie
die Herzoge gesagt hatten.

Sofern sie aber dem fürstlichen Vetter galt, traf der
zwei Herzoge Wort gleichfalls ein.

Denn als der fürstliche Vetter späterhin vernahm,
daß die löblichen Münchner wieder bei Geld seien, fuhr
die Lust wieder in den wilden Herren, die Stadt München
mit Gewalt einzunehmen, wie es ihm früher mit List ge=
lungen war. Da wollte er dann das besagte Drohzeichen

herabreißen laſſen und das Volk wieder ſo arm machen, wie dazumal.

Drum erſah er vermeintlich die rechte Zeit und rückte mit Heeresmacht, aber doch ganz heimlich heran. Die Herzoge aber merkten das Spiel, riefen Alles zu den Waffen, zogen gegen den Vetter aus, ſtießen in der Gegend auf ihn, wo Blutenburg ſteht, das hat ſeinen Namen vom vielen Blut, das da floß — und ſchlugen in der Weiſe grauenbar und wüthig auf ihn ein und die Seinen, daß er eine ſchmähliche Niederlage erlitt, mit genauer Noth entkam und ſich weiters nicht mehr träumen ließ, der Stadt München etwas anzuhaben, oder gar das innewohnende, goldtreue Volk zu berücken.

Weil er ſich aber ſo ſchwer an ſeinem Vetter vergangen hatte, ſtrafte ihn der Himmel noch mehr. Denn da ſtand ſein eigener Sohn gegen ihn auf, von Dem wurde er gar gefangen genommen, dann von einem Ort zum anderen geführt, aller ſeiner Macht und Habe beraubt und ſchließlich in einen Thurm zu Burghauſen geſetzt, darin er blieb bis an ſeinen Tod.

Lindwurmeck am Marktplatz.

Dieser Lindwurm ist ein ganz besonderes Wahrzeichen der Stadt München, und es verhält sich damit so:

Als man Anno 1463 schrieb, flog ein Pest=Lindwurm vom Schwabingerthor herein, fuhr da und dort hin in der Luft und ließ sich zuletzt am Eck des Marktplatzes nieder. Da entstand großer Schrecken, und es wußte sich Niemand zu helfen, bis der starke Herzog Christoph von Schloß Grünwald herabgesprengt kam und das schauerliche Ungethüm tödtete. Wie sich die ganze Sache auf's Nähere zugetragen hat von aller Anfang an, da der Thürmer von St. Peter den Lindwurm dahersausen hörte, bis zuletzt, und was sich mit dem alten Herrn Bart, seiner bösen Haushälterin Petronella, mit der frommen alten Mo=

nica, dem Herzog Sigmund und Johannes zutrug, welch Letzter sich über seine Kampflust den Tod holte, weil der Lindwurm seinen Gifthauch ausstieß, und viel Anderes, das kann Jeder in den „Abentheuern Herzogs Christophs" klar und deutlich ersehen.

Der Löffelwirth hinterm Rathhaus.

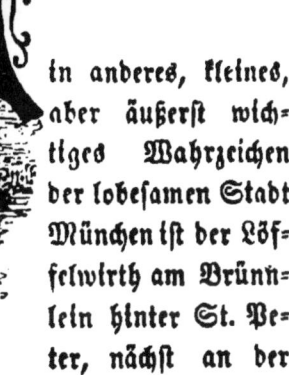

Ein anderes, kleines, aber äußerst wichtiges Wahrzeichen der lobesamen Stadt München ist der Löffelwirth am Brünnlein hinter St. Peter, nächst an der kleinen Rathhausstiege. Von all dem, was sich da zugetragen, findet sich wieder treuester Bericht im genannten Buche. In ganz Kurzem aber handelte es sich darum:

Es lebten Ihrer zwei zu München, von welchen der Eine Achzenit hieß und der Andere Ruprecht, davon war der Erste ein unbändiger, lockerer Geselle, der Zweite aber war so geizig, daß er kaum zu essen wagte, und gar nichts, als Wasser trank, während der Erste in nichts, als Wein schlemmte.

Weil nun das Wasser am Brünnlein hinterm Rath=
haus so frisch war, stellte sich der Ruprecht tagtäglich da
ein, trank aus einem Schöpflöffel und bot auch den Vor=
übergehenden Wasser an. Dafür nannte ihn der verschwen=
derische Achzenit den Löffelwirth am Rathhaus, verspottete
ihn auf alle Weise und um ihn recht zu ärgern, stellte er
sich auch an das Brünnlein, trank statt des Wassers Wein
aus einem Löffel, goß ihn dann ein über das andere Mal
wieder voll und bot den Vorübergehenden Wein an. Da=
rüber entstand Groll und Haber, und wie der Achzenit den=
jenigen Ruprecht verhöhnte, weil er so geizig sei, höhnte
ihn der Ruprecht wieder mit seiner Verschwendung und
prophezeite ihm, daß er noch auf den hölzernen Strafsessel
komme. Der stand auf dem Marktplatz. Da gings mit dem
Geld des Verschwenders in der That immer weiter herab,
bis er zuletzt gar nichts mehr hatte, als einen Wiesenfleck,
und der Geizige freute sich, daß er so wahr prophezeit
habe. Der Achzenit war aber sehr schlau, wußte in die
Welt zu bringen, daß auf dem Wiesenfleck ein Schatz be=
graben liege, hielt damit den habsüchtigen Ruprecht zum
Besten und über verschiedenes Geld geben, Graben und
nichts Finden kamen sie entsetzlich hinter einander, bis sie
zuletzt alle Zwei auf dem hölzernen Strafsessel reiten
mußten. Diese absonderlich lustige Sache, der zu Folge
der Schöpflöffel am Brünnlein blieb, fiel im Jahre 1464
oder 65 vor.

Der Löw' im Thal.

er Löwe — manche halten das Bild für eine Löwin — über der Thüre des alten Stadt=Oberrichterhauses im Thal neben dem Rath=haus ist auch ein recht uraltes Wahrzeichen. Was es nun damit auf's Genauere sei, weiß Keiner recht, daß es aber da eine Bewandtniß mit dem weltberühmten Herzog Heinrich dem Löwen habe, ist fast ohne Zweifel. Wahrscheinlich ist es so:

Selbiger Herzog Heinrich hatte, als er, ein uns fremder Herr, Land Bayern regierte, ungefähr da, wo jetzt das Rathhaus steht, eine Pfalz, darin er während seines mehrmaligen Aufenthaltes zu München wohnte, und ließ über dem Eingang sein Lieblingszeichen setzen. Als er nun späterhin Anno D. 1180, nach vielen Zerwürfnissen mit Kaiser Friedrich dem Rothbart, zu Würzburg und Gelnhausen mit der Reichsacht belegt, seiner Herzogthümer Bayern und Sachsen verlustig wurde, und in Bayern statt Seiner wieder ein Fürst aus altwittelsbach'schem Stamm an's Regiment kam, nehmlich der Otto, mag die besagte Pfalz wohl noch lange Zeit gestanden haben, bis dann ein paar hundert Jahre später das heutige Rathhaus erbaut ward, und man das fragliche Gebäude abtrug. Um nun die Erinnerung nicht ganz zu verwischen, wird man es wohl unweit von da, wo es früher war, eingemauert haben. Somit wäre eben nicht nöthig, daß wegen dieses Steinlöwen zu München etwas Weiteres vorgefallen sei. — Wie immer, er ist ein rechtes Wahrzeichen und zwar von der größten Bedeutung, weil er einen Fingerzeig giebt, wie die höchste Gewalt zu Grunde gehen kann, um dem lang gedrückten Recht in der Welt Raum zu lassen.

Der Kaiserstein im Dom zu u. l. Frauen.

ls ein besonderes, merkliches Wahrzeichen von München gilt der rothe Marmelstein im erzenen Denkmal, welches Churfürst Max I. Kaiser Ludwig dem Bayern setzte.

Dieser Stein lag in früheren Zeiten offen vor dem Hochaltar über der Gruft. Auf demselben sieht man den ruhmwürdigen Kaiser auf dem Thron sitzen, und unterhalb den Herzog Ernst und seinen Sohn Albert stehen, welche sich zu Ehren ihres großen Ahnherren versöhnen. Der Löwe, welcher sich an Herzog Albrecht schmeichelnd aufrichtet, deutet das gar wohl und sinnig an. Worüber sich die Zwei versöhnen sollten, unterliegt keinem Zweifel. Nehmlich einerseits darüber, daß der Vater Ernst seinem Sohn die vielgeliebte Agnes Bernauer zu Straubing in's Wasser werfen ließ und an= dererseits, daß der Albert deßhalb gegen seinen Vater schier einen ganzen Krieg anfachte.

Im Allgemeinen aber sollte wohl die ganze Vor= stellung auch als Mahnruf an alle künftigen Fürsten, ja als Beweis eines an ihrer Statt zum Voraus ab= gelegten Gelübdes erscheinen, sich friedlich untereinander zu verhalten.

Als nun der Stein in früheren Zeiten noch offen lag, ging Niemand von München, der ihn nicht angeschaut hätte, und er galt Jedem als ein rechtes Wahrzeichen von Schmerz und Streit, Versöhnung und neuer Liebe, zugleich von Ruhm und Glanz des bayerischen Hauses, daraus ein deutscher und römischer Kaiser hervorgegangen sei.

Davon, daß Kaiser Ludwig sitzend dargestellt ist, schreibt sich die Sage, er sei irgend wo im Dom in kai= serlichem Schmuck und auf dem Thron sitzend begraben. Dem ist aber nicht so. Vielmehr liegen seine Gebeine mit denen vieler anderen, bayerischen Fürsten im großen Sarg in der Gruft u. l. Frauen, und er schreibt sich daher: Zu Max I. Zeiten waren die alten Särge ganz dahin, drum ließ er die Gebeine seiner Vorfahren, eines Jeden für sich, zusammenlesen, mit einer Urkunde versehen und sie dann sämmtlich neben und über einander in jenen großen Sarg übertragen.

Weil just von diesen zusammengelegten, fürstlichen Ge=beinen die Rede ist, mag gesagt sein, wer Alle in dem Sarg ruht. Es sind Ihrer aber eilfe:

Kaiser Ludwig der Bayer,

dessen Gemahlin Beatrix,

Ihr Sohn Ludwig der Brandenburger,

Herzog Stephan mit der Hafte,

Herzog Ernst I. und seine Gemahlin Elisabeth,

Herzog Sigmund, der Stifter und Erbauer des
lieb Frauen Domes.

Herzog Albrecht der IV. oder Weise und seine
Gemahlin Kunigunde,

deren Sohn Herzog Ernst, Bischof von Passau
und dann Erzbischof von Salzburg, und

Herzog Wilhelm IV., genannt der Standhafte.

Hatten All' wenig Ruh hienieden,
Er wird ihnen wohl thun, der ewige Frieden!

Der schwarze Tritt unter der Orgel zu unser lieben Frauen.

Von diesem schwarzen Tritt sagen die Einen so:

Der böse Feind habe einen Pakt mit dem Baumeister gemacht und ihm Geld zu einer Kirche gegeben, vorausgesetzt, daß man keine Fenster sehe. Da nun der böse Feind von Außen Fenster in großer Zahl sah, habe er sich seiner Sache ganz sicher gedacht und zur rechten Zeit zum Baumeister gesagt: „Die Zeit ist da, nur her da und fort mit mir!" Da hab' der Baumeister gesagt: „Also nicht, folg' mir nur!" Drauf habe er ihn in die Kirche geführt und an einen Ort hingestellt, von dem aus die Säulen alle Fenster bedeckten.

Ueber diese List sei derselbige böse Feind voll Zorn auf=
geflammt, habe schauerlich geschrieen und beim Davoneilen
seine Fußspur zurückgelassen.

Nun frägt sich aber, ob man das glauben soll; denn
da müßte der Teufel die ganze Zeit über auf seinem bes=
seren, menschlichen Fuß gestanden sein und seinen Teufelsfuß
in die Höhe gehoben haben. Indessen, wenn dieß auch, warum
wär' denn beim Hinauseilen zum Riesenthor vom guten und
vom Bocksfuß gar nirgends eine Spur geblieben? Er müßte
in seinem Grimm und Zorn nur hinausgeflogen sein. Kurz,
so war die Sache einmal gewiß nicht, sondern ganz anders:

Als man 1468 zählte, der vielberühmte starke Herzog
Christoph von Bayern seiner Zeit auf Schloß Grünwald
war und die Nachricht empfing, sein Bruder Sigismund
wolle der Jungfrau Maria zu Ehren einen großen Dom
bauen, rief er freudig: „Recht hat er, der Herr Bruder,
aber mit dem Geld wird er nicht hinausse ben!" Bei dem
Recht geben stieß er mit seinem Fuß auf einen Quader=
stein, so daß man die leise Spur der ganzen Ferse sah, diese
Spur wurde dann später noch tiefer gegraben, und der
Stein seiner Zeit an den Ort gesetzt, wo er jetzt ist und
der Blick in's Weite und Freie bis in die neueren Zeiten
sein ausgerechnetes Hinderniß hatte.

So ist die Sache und anders nicht. Wer das Näh=
ere will, findet es in den Abenteuern Herzogs Christoph.

St. Onuphrius auf dem alten Eiermarkt nächst dem Rathhaus.

ber dieses große Bild, welches einen hoch=heiligen Königs-Sohn aus Asien vorstellt, und weshalb es angemalt sei, giebt es allerlei Meinung und Versuch geschichtlichen Nachweises. Die sicherste Kunde, wie sie im Mund des Volkes sagenweise ging, ist aber wohl diese: Es lebte Einer in den 1490ger Jahren zu Mün=chen, des Namens Heinrich Pirmat, seines Zeichens war er ein großer Kramherr, nächst war er sehr fromm und wäre längst gerne zum hl. Grab nach Jerusalem gewall=fahrtet. Aber der Gedanke an seine Hausfrau war ihm stets zum Hemmschuh, denn sie war immer kränklich, dazu schon bei Jahren, da wußte er nicht, wie lange er sie etwa noch habe — und so wollte er sie nicht verlassen. Eines Tages Anno 1493 schied sie nun von hinnen, und da Herzog Christoph von Bayern mit vielen Anderen just seine Pilgerfahrt in das heilige Land antrat, beschloß der Pirmat, mitzuziehen, obschon ihm die Sache gefährlich vorkam, weil er eben selbst nicht mehr zu den Jungen gehörte. Er war aber nicht so fast seinerwegen besorgt, als vielmehr wegen des Söhnleins seines Bruders, welches er christlich auferziehen wollte, so lang ihn eben Gott noch leben ließe. Indeß er stellte Alles zu des Himmels Fügung und that das Gelübbe: Falls er wieder zurückkäme, wolle er das große Bild des heiligen Onuphrius an sein Haus malen lassen. Weil nun das Bild wirklich angemalt wurde, muß derselbe Pirmat wieder mit Heil heimgekommen sein und vier Jahre darauf sein Gelübbe gelöst haben; oder er blieb längere Jahre in Palästina und wer weiß, was er da erlebte und erlitt. Auf dem Bild steht einmal die Jahreszahl 1497.

Weshalb er aber gerade den Onuphrius und keinen anderen Heiligen anmalen ließ, ist wieder unsicher. Aber es geschah entweder deshalb, weil sein Neffe Onuphri hieß, oder zum Andenken an eine Kapelle, welche am Ort des Pirmathauses in noch viel früherer Zeit, im zwölften Jahrhundert, gestanden, und worin Heinrich der Löwe, als er von seiner Pilgerfahrt in's heilige Land zurückgekehrt, nebst anderen Heiligthümern auch besonders die Gebeine des berühmten hl. Onuphrius niedergelegt hatte. Sie kamen später nach Braunschweig.

Obwohl da nun Jeder den besagten Heiligen angemalt sieht, und etwa sein Name dort und da genannt wird, so habe ich doch oft bemerkt, daß die Legende desselben fast ganz und gar unbekannt geworden ist.

Deshalb will ich sie in ihrer wahren Weise, wie sie schon vor vierhundert Jahren nach der urältesten Tradition und auch Aufschreibung erzählt und gedruckt ward, folgen lassen. Da ist der Gang der Sprache völlig der alte, nur die Worte habe ich hie und da verständlicher geschrieben.

Selbige Legende lautet in ihrer ganzen Kindlichkeit, wie folgt:

„Sanct Onuphrius war ein Christ und hätt Gott lieb und war ein Mönch im Kloster Mepol|gano, und in einem Kloster ward er erzogen; und es waren noch hundert Mönche in dem Kloster, die hatten alle ein seliges Leben und durften nicht reden, dann (außer) zu einer rechten Nothwendigkeit und von Gott.

In dem Kloster da lernte Onuphrius von Kindheit auf die heilige Schrift und geistliche Zucht; da hörte er die anderen Mönche das Einsiedlerleben oft loben und sprachen die:

„Helyas habe seinen Leib im Wald sehr gekasteit und habe die größten Tugenden des Weissagens und Wunderwirkens empfangen; und wäre auf einem feurigen Wagen in das Paradies gefahren und hätte

die Gabe des heiligen Geistes seinen Knechten mit=
getheilt und lebe noch."

Und sie sagten auch von Sankt Johannes, dem
Täufer, „wie er auch in der Wüste sei gewesen und
hätte verdient, daß er Christum hätte getauft."

Und da Sankt Onuphrius das oft hatte gehört,
da fragte er die Mönche, warum sie das Einsiedler=
leben so oft lobten.

Da sagten sie: „Da (in der Wildniß) sind sie
viel frommer, denn wir, wann (weil) sie leben ohne
menschliche Hülfe. Das thun wir nicht; wann wir
helfen einander vollbringen den Gottesdienst, und
wenn wir siech sind, so nehmen wir Trost von ein=
ander und haben Häuser für das Ungewitter und
noch viel anderen Trostes, den da die Einsiedler
nicht haben. Aber die Engel Gottes trösten sie und
bringen ihnen ihre Nothburft, wann Gott vergißt der
Armen nimmer, als geschrieben ist: „Die Heiligen,
die auf Gott hoffen, die wandeln in Stärke und neh=
men Federn an sich, wie die Adler, und fliegen und
werden nicht müde."

Von diesen Worten ward Onuphrius sehr getrö=
stet und dachte er: Ich will auch ein Einsiedler wer=
den — und betrachtete einige Zeit. Darnach stand
er einmal heimlich bei der Nacht auf und machte sich
auf den Weg und trug ein Brod mit sich, daß er
kaum genug hatte bis zum vierten Tag. Da kam
er an eine Stätte und dachte, da will ich bleiben.

Da fah er zur Hand ein Licht vor ihm (fich), das war gar fchön. Da erfchrat er gar fehr und fürch= tete, er müffe davon (deshalb) wieder in fein Klofter gehen. Da ging alsbald ein fchöner Engel um das Licht, der fprach:

„Fürchte dich nicht, wann ich bin ein Engel, und bin dir von deiner Geburt an gegeben worden, daß ich deiner hüten foll, und bin ich nun zu dir gefandt, daß ich bei dir foll bleiben, und ich foll dich das Einfiedlerleben lehren. Und in derfelben Arbeit follft du fein und dein Herz bewahren in aller Hut. Lobe Gott und verharre im Guten, wann ich verlaß dich nicht, bis ich deine Seele vor Gottes Angeficht bringe."

Darnach ging der Engel mit ihm wohl fechs oder acht Meilen zu einer Höhle, die war gar fchön. Da ging Onuphrius hinzu und wollte befehen, ob Jemand da wäre und fchrie hinein.

Da ging ein heiliger Einfiedler heraus.

Da fiel ihm Sankt Onuphrius zu Füffen und be= tete ihn an.

Da hob ihn der bei feiner Hand wieder auf und gab ihm den Kuß des Friedens und fprach auch: „O Sohn, geh herein, du bift mein Bruder in dem Leben und im ewigen Leben."

Da ging Onuphrius hinein zu ihm und blieb et= liche Zeit bei ihm, und da lehrte ihn Jener das Ein= fiedlerleben.

Da nun etliche Tage vergingen, da fprach der Einsiedler zu Sankt Onuphrius: „Steh' auf und geh' weiter in die Wüste, da sollst du in einer Höhle wohnen."

Und der Einsiedler ging vier Tage lang mit St. Onuphrio, und am fünften Tag kamen sie an eine Stadt, die hieß Calcedonia, und es waren Palmbäume nahe dabei.

Da sprach abermals der Engel zum Sankt Onuphrius: „Siehe das ist deine Stätte, die dir von Gott bereitet ist." Und der Einsiedler blieb da dreißig Tage und lehrte ihn, wie er Gott lieb haben sollte und befahl ihn da Gott und ging wieder heim und kam oft wieder zu Sankt Onuphrio und sah, wie es mit ihm ginge.

Und eines Tages da kam der Einsiedler abermals zu ihm und fiel alsbald nieder und starb.

Und als Onuphrius sah, daß er todt sei, da war ihm gar leid und war er sehr betrübt und fiel nieder und weinte gar sehr und begrub ihn darnach mit großer Andacht und diente fürbaß unserem Herren mit Beten, Fasten, Wachen und viel anderer guter Uebung. Und er erlitt also viel, daß er oft fürchtete, er müsse sterben; denn des Tages marterte ihn die Hitze und des Nachts die Kälte, und er litt auch viel Hunger, bis sich etwa Gott über ihn erbarmte. Es stunden auch etliche Palmen bei ihm, und was die alle Jahre brachten, das las Sankt Onuphrius auf und mischte Kräuter und Blätter daran und aß das. Das war in seinem Munde so süß als Honig. Da tröstete ihn auch unser Herr und sandte ihm ein Brod durch einen Engel. Für diese Gnade dankte er Gott mit großer Andacht.

Der liebe Herr Sankt Onuphrius aß (aber), wie gesagt, zuerst nur Kräuter und Blätter und wohnte in den Höhlen und in den Thälern der Berge, und da er nun siebenzehn Jahre im Wald gewesen war und viel durch Gott gelitten hatte, wollte ihn Der von der Welt nehmen und ihm seinen Lohn geben und ihn auch vorsehen.

Zu diesen Zeiten war ein guter Mann, der hieß Paffnuctus. Der saß eines Tages allein und gedachte in seinem Herzen: Ich will in den wüsten Wald gehen und will die Einsiedler-Mönche sehen und will ihre Heiligkeit lernen.

Und er ging aus und nahm Wasser und Brod mit sich, damit er nicht verzage. Und er lag auf dem Weg bis auf den vierten Tag und es zerrann ihm die Nahrung, die er mit sich genommen hatte.

Da ward er gar krank, weil er nichts hatte, sich zu speisen und rief Gott mit großem Ernst an.

Zur Hand leuchtete ihm die göttliche Gnade und vertrieb dem Paffnucio die Krankheit, die er hatte. Und da er nun gekräftigt ward, da hob er sich auf den Weg und ging abermals vier Tage, ohne daß er etwas speiste. Da ward er gar müde und fiel auf die Erde und rief Gott an.

Und zur Hand ward er gestärkt von der Kraft Gottes und sah einen Menschen, der war herrlich gestaltet und war schön und löblich und war lang und hatte einen klaren Anblick. Der trat mit gütlichem Antlitz zu Paffnucius und berührte ihm seine Hände und Lippen und gab ihm alle seine Kraft zurück und verschwand. Da stand Paffnucius zur Hand mit der Hilfe Gottes auf und ging siebenzehn Tage in die Wüste, bis ihm Gott eines Tages eine Stätte vorsah, wo er bleibe. Da war er fast müde und dachte sich: Wie gar elend bin ich!

Und da er sich das gedacht, da sah er Sankt Onuphrium von ferne hergehen. Der war gar scheußlichen Ansehens, recht wie ein wildes Thier, und war überall rauh, wie ein Bär und hatte Haare an sich, daß es ihm all seinen Leib bedeckte, so lang war es, und er hatte um die Hüften Kraut und Blätter.

Da nun Paffnucius den Sankt Onuphrium sah, erschrak er gar sehr und floh auf einen Berg und verbarg sich unter das Laub. Da schrie ihm Sankt Onuphrius nach und sprach: „Gottes Knecht, komme her und fürchte dich nicht, wann ich bin ein Mensch, wie du!"

Und von den Worten wurde Paffnucius getröstet und ging zu ihm und fiel ihm zu Füßen.

Da weissagte ihm Onuphrius und sagte zu ihm: „Steh auf, wann du bist Gottes Kind; du heißest Paffnucius und bist ein Freund der Heiligen."

Da stand Der zur Hand auf und setzte sich zu ihm und bat ihn, daß er ihm aus Liebe sage, wie er heiße und von wannen er gekommen sei.

Und da ihm Onuphrius Alles gesagt hatte, sprach er noch: „Ich habe siebenzehn Jahre so gelebt und in allen den Jahren habe ich keinen Menschen hier gesehen, denn dich allein, und hab' auch von keinem Menschen Speise genommen. Willst nun du Gottes Willen erfüllen, so bereitet er (auch) dir Alles, was dir Noth thut nach dem, wie er spricht: Ihr sollt nicht sorgen um Essen und Trinken. Sucht zuerst das Reich Gottes, so werden Euch alle Dinge desto vollkommener zugezogen."

Darnach führte er den Paffnucius wohl drei Meilen weit zu seiner Höhle und ließ ihm die sehen; die war mit Palmbäumen geziert. Da sprachen sie ihr Gebet zu Gott und saßen da zu einander und redeten süßiglich von Gott, bis die Sonne untergehen wollte.

Da sah Paffnucius ein Brod und ein weniges Wasser (erscheinen). Draus erkannte Onuphrius wohl, daß Jener krank und müde sei, und sprach: Steh auf und iß, ich sehe, daß du dessen benöthigt bist."

Sprach Paffnucius: „Ich esse nicht, als mit dir."

Da aßen sie miteinander, und da sie genug hatten, da blieben ihnen dennoch Stücklein übrig. Und sie vertrieben da die ganze Nacht im Lob Gottes.

Des andern Tags früh sah Paffnucius, daß Sankt

Onuphrii Antlitz gar sehr entstellt sei, und fragte ihn, warum das wäre.

Da sprach er: „Ich soll von dieser Welt scheiden, und dich hat Gott zu mir gesandt, daß du mich begrabest, denn ich werde bald sterben und es wird meine Seele in den Himmel erhöhet. — Wer Gott um meiner Willen ein Opfer bringt, der wird von allen bösen Geistern befreit und von aller menschlichen Bosheit und ihm wird der himmlische Friede gegeben mit den himmlischen Engeln. Und wer vor Armuth kein (großes) Opfer geben kann, der gebe einem armen Menschen ein Almosen, so will ich bitten, daß er die ewigen Freuden besitze. Wer aber das Almosen nicht geben kann, der opfere Weihrauch, Gott zu einem süßen Geschmack. Für den will ich Gott bitten."

Da sprach Paffnucius: „Vater ich will dich fragen. Wer da aber nicht mit Opfer oder Almosen und auch nicht mit Weihrauch ehren kann, was soll der thun, daß er deinen Segen habe und deine Hülfe?"

Da sprach Sankt Onuphrius: „Der stehe auf und recke seine Hände auf zu Gott und spreche ein Pater Noster mit Andacht durch meinen Willen, im Namen der heiligen Dreifaltigkeit: Für diesen Menschen will ich dann bitten, daß er des himmlischen Lebens theilhaftig werde mit allen Heiligen."

Da bat ihn Paffnucius, daß er ihm, wenn er stürbe, erlaub', daß er seine Wohnung hätte.

Da sagte Onuphrius: „Mit Nichten, wann es

Gottes Wille ist, daß du predigen sollst, was du in dem wilden Wald gesehen und gehört hast. Und also wirst du behalten und selig werden."

Da fiel Paffnucius nieder vor ihm und sprach: "Vater, darum, weil dir Gott um deiner Güte und großen Arbeit willen nichts versagt, bitte ich dich, daß du Gott anflehest, daß er mir helfe, dir gleich zu werden, und daß ich im ewigen Leben immer ewiglich mit dir sei."

Da sprach Sankt Onuphrius: "Es geschieht also, wie du gebeten hast."

Und gab ihm den Segen.

Darnach stand er auf und bat mit großen Zähren und sprach: "Herr Jesu Christe, in deine Hände empfehl' ich meinen Geist."

Und legte sich nieder.

Da kam ein schönes Licht und umgab seinen heiligen Leichnam, und in dem Licht verschied er.

Da fuhr seine Seele zu den ewigen Freuden.

Und Paffnucius begrub ihn und zog von dannen zu seinem eigenen Werk und verkündete aller Menge des Onuphri Wort und alles Heil Christi. —

Die Narren im Rathhaus-Saal.

elbige Narren schreiben sich von
einem sehr großen Bankett
her, welches in den 1480ger Jahren
und zu Zeiten des starken Herzogs
Christoph auf dem Rathhaussaale
stattfand. Weil man nun in alten
Zeiten viel lustigen Spott trieb und
den Narren einräumte, die Wahrheit
zu sagen, womit dann oft viel mehr
gedient war, als mit gar manchen hochweisen Leuten, welche
heut zu Tage das große Wort führen, so wurde da die
menschliche Thorheit gegeißelt, indem die bewußten Narren
lauter sonderbare Eigenschaften und Bestrebungen der Welt
schilderten, und zwar zuerst mit größtem Ernst, hinterdrein
dann mit Selbstverspottung. Da ging es also über den

Ehrgeiz und die Herrschsucht, den Hochmuth der Gelehrten, die Gefahr der Leidenschaften aller Art her, in Kurzem, es ward da nichts geschont, und es bewiesen die Narren auf das Schlagendste, daß vom Besten bis zum Schlimmsten und vom Ernstesten bis zum Lächerlichsten ein ganz kleiner Schritt sei, wenn sich der Mensch nicht im Zaum halte.

Weil nun jene Narren von ihrem Privilegium einen so trefflichen Gebrauch machten und durch ihre diversen Reden und Grimassen männiglich auf das Höchlichste belektirten, wurden sie sämmtlich in Holz abkonterfeit, ganz und gar, wie sie leibten und lebten, und zu beiden Seiten des Rathhaussaales aufpostirt. Die Gesellen müssen aber nicht wenig kühn gewesen sein, denn mir kam in Ansehung der Sache irgendwo vor Augen, daß Herzog Albert der Weise, welcher sich auch beim Bankett befand, anfangs fast zornig geworden sei, als ihn ein Narr zuerst reimweise wegen seiner fadenscheinigen Gerechtigkeit für seinen Bruder Christoph fragte. Dann aber habe er gelächelt und auch reimweise gesagt:

„Wöllt mich ein Andrer so fragen,
Möcht es Ihm schlechte Früchte tragen,
Dann du aber ain Narre bist,
Voll Schalkheit und List,
Magst du so unschamenliches sagen,
Narren und Kinder dörfen was wagen!"

Die Stationstafel am Riesenthor des Domes zu u. l. Frauen.

er am Rie=
senthor, zwi=
schen den bei=
den Frauen=
thürmen zu
München enthält
und zur Rechten
des Thores schaut, der sieht ein steinernes Bild, und das stellt
unsern Herrn Christus auf dem Oelberg vor.

Dieß Bild ist ein recht altes Münchner Wahrzeichen,
und es geht eine wehmüthige Kunde von demselben.

Zur Zeit noch nicht diejetzige, nahezu vierhundertjährige,
sondern noch die viel kleinere Marienkirche stand, lebte zu

4*

München eine gar ehrbar fromme Wittwe. Die hatte einen Sohn, auf welchen sie viel Vertrauen und Hoffnung setzte und dem sie alles Gute in's Herz zu pflanzen bemüht war. Er schien sich auch gut anzulassen. Mit wachsenden Jahren kam er nun in böse Gesellschaft, und eh' sich's das Mütter= lein versah, waren alle ihre guten, alten Lehren vergessen, und wenn sie dafür neue ergehen ließ, wurden sie abge= wiesen, und ihr Sohn ging auf seinen leichtsinnigen Pfa= den noch weiter. Da sie hierauf strenger ward und ihn in Manchem kürzer hielt, ward er um so viel böswilliger und einmal gerieth er so fast in Zorn, daß er rief: „Meinst du, weil du im Alter bist, ich aber jung, soll ich sein, wie Du? Gieb mir mein Väterliches heraus, dann sind wir Zwei aus einander —!" Und als das Mütterlein nicht sogleich zusagte, erhob er in seinem Frevel die Hand und wollte seiner eigenen Mutter einen Schlag versetzen. Da ward ihm sein Arm im Augenblick gelähmt, so daß er ihn drei Tage lange nimmer bewegen und führen konnte.

Auf das ward jener ganz zerknirscht, betete viel, übereins ging es mit seinem Arm wieder besser, und drauf ließ er sich eine Zeit lang nimmer bei seinen Gesellen sehen, bis sie ihn einst aufsuchten, allein mit ihm verkehrten und ihn verhöhnten, daß er an ein Zeichen Gottes glaube, wo er doch nur sein Recht verlangt habe, denn auf eine Spanne Zeit früher oder später komm' es nicht an.

Das ging ihm wohl ein, er fing wieder an mit sei= nem Leichtsinn, ward stets kecker gegen seine ehrwürdige Mut= ter und drohte ihr mit allem Bösen. Und als sie ihn mit noch

mehr Ernst zur Pflicht mahnte, an Gottes Gericht erin=
nerte und, da das Alles nichts fruchtete, sich einmal vor
ihm auf die Kniee warf und ihn um Besserung anflehte,
stieß er sie von sich, riß mit Gewalt einen Schrein auf,
nahm, was er an Geld und Gut fand, und rief ihr zu:
„Das ist, was mir gebührt, ich bin mir alt genug, deiner
Lehren bin ich satt! Lustig gelebt, selig gestorben!"

Auf dieß dehnte die Wittwe ihre Arme gen Himmel
und sagte: „Herr Gott, gieb, daß er selig sterbe und nicht
mit Deinem Fluch beladen werde! So viel erschwelgt, so viel
will ich mich an Seiner Statt kasteien und will entbehren!"

Da lachte er und rief: „Kastei' du dich, so viel du willst!
So viel mehr du mir ersparst, desto lieber ist es mir!"

Damit ging er seiner Wege, ließ sein Mütterlein auf dem
Antlitz liegend zurück und führte sein sündiges Le=
ben fort und drin kam er stets weiter voran. Dieselbe
Wittwe aber lebte von der Zeit an schier mit nichts, ging
zu einem richtigen Steinmetz, gab ihm eine Summe Gel=
des, die sie hatte, und bat ihn, den Oehlberg mit dem
Herrn Christ aus Stein zu hauen. Dabei lag ihr des
Erlösers Bitte im Sinn, daß Gott den Leidenskelch an
ihm vorübergehen lasse, und so war auch ihre Bitte zu
Gott. Nehmlich daß er ihr erspare, den Leidenskelch wegen
ihres Sohnes auszutrinken.

Wie nun eine gute Zeit verstrichen und das Werk
fertig war, bat die Wittwe, daß sie den Stein an der
Thüre des Marienkirchleins einsetzen lassen dürfe; das ward
ihr auch gerne gestattet, und nun betete sie gar oft vor

demselben, und viele Andere thaten desgleichen. Und als
das schon lange Zeit so war, hatte ihr gottloser Sohn mitt=
lerweile all das Seine verthan, war vom Leichtsinn bis
in's Verbrechen gerathen, schließlich zu Handen des Gerichts
gekommen, und das hatte ihn auf sieben Jahre zum Kerker
verurtheilt. In dem erfuhr er nichts mehr von der Welt
draußen, machte sich aber die ärgsten Vorwürfe, daß er
seiner guten Mutter Rathschlägen nicht gefolgt sei und sie
überdieß so schmählich gekränkt habe, und er schwor Gott auf
das Heiligste, ein anderer Mensch zu werden und die
schwerste Buße zu thun, wenn er ihm nur so viele Selig=
keit gebe, daß er seine Mutter noch im Leben sehen und
sie um Vergebung bitten könne.

Also wie nun die Zeit kam, und er eines Tages wie=
der frei wurde, war sein Erstes, daß er heim eilte gen
das Thiereckgäßlein, wo er meinte, daß seine Mutter wohne.
Als er aber hinkam, traf er andere Leute, und als ihn
Die erkannten, riefen sie ihm zu: „So, du bist der Schelm,
so der frommen Wittwe so viel Leid und Schmach ange=
than hat, daß sie vor Schmerz und Wehkummer um ihn
starb?! Jetzt liegt sie auf St. Marienkirchhof unter ihrem
steinernen Oehlberg — auf und verlaß dieß Haus, denn wo
du bist, kommt der Fluch!"

Da schwankte der Sohn der Wittwe fort zum Ma=
rienkirchlein, sah den Oehlberg eingemauert und sah der
Mutter Grab, zerraufte sich die Haare, warf sich nieder
und flehte um ein Zeichen der Vergebung.

Und so ging er Wochen und Monde dahin und kam

immer bleicher und elendiger, denn er aß und trank schier
nichts mehr, so daß die Menschen zuletzt Erbarmen em=
pfanden, weil Jeder seine schreckliche Reue erkannte. Drum
redete wieder Der und Jener mit ihm und wollte ihn
überreden, seine Mutter im Himmel möcht' ihm doch wohl
vergeben haben.

Er aber schüttelte jedesmal sein Haupt und kam immer
mehr herab, daß er schier nimmer gehen konnte — aber von
seinem Pfad zum Grabe ließ er nicht ab.

Und als er einst wieder daher kam, sagte Einer: „Du
kommst ja deines Weges nimmer fort — und dennoch ist
dein Antlitz heute ganz froh!"

Drauf sagte er: „Das mag wohl froh sein, denn ich
hab' im Traume das Zeichen bekommen, danach mich dür=
stete in meiner Seele. Ich wollte bis da meine Mutter
sehen, daß sie mich freundlich anblicke. Da flehte ich all die
Zeit über vergebens. Aber heute trat sie in der Nacht
zu mir, licht wie ein Engel, im Antlitz ganz heiter, aber
ihre Augen sah ich gleichwohl naß. Da rief ich im Traum:
O du, meine Mutter, deine Augen sind naß vor lauter Leid
und Jammer — die laßen selbst im Himmel nicht ab?! Auf
das sah sie mich zu tiefst an und sagte: O Sohn! Wie ich
weine, hab' ich gar oft geweint und noch viel mehr. Aber jetzt ist
Alles vorbei, und was mir weh gethan hat, das hab' ich
ganz vergessen! Da brach ich im Traum in Schluchzen
aus und klammerte mich an sie und küßte sie rastlos, und
sie mich — und darüber bin ich erwacht. Nun weiß ich, daß
sie mir vergeben hat — und wär' ich nur schon bei ihr! Da=

für möcht' ich ein anderes Zeichen — wollte Gott mir nur eines geben, daß ich wüßte, wie lang ich noch leben muß!"

Und als er das eben gesagt hatte, thats vom Marien= kirchlein sieben Glockenschläge. Die waren wie eine Stimme vom Himmel und wie eine Antwort auf seine Frage. Aber er wußte nicht, was gemeint sei — sieben Tage, Wochen oder Monde.

Aber es traf auf das Erste zu. Am siebenten Tag starb er und ward zu seiner Mutter in's Grab gelegt.

Das mag gewesen sein Anno Dom. 1450.

Als unser lieben Frauen Dom groß gebaut ward, kam der steinerne Oehlberg wieder an's Kirchthor.

Requiescant in pace.

Der Herzog Christophstein.

Der berühmte, schwarze Stein liegt in der Residenz im Durchgang zum Brunnenhof, über ihm sind drei Nägel eingeschlagen, und auf einer großen steinernen Tafel stehen alte Reime eingegraben. Lauten:

Als nach Christi Geburt gezehlt war
Vierzehen hundert neunzig Jar
Hat Hertzog Christoph hochgeborn
Ein Held auß Bayern auserkorn
Den stein gehebt von freyer Erdt
Und weit geworfen ohn Geserdt,
Der wiegt drey hundert vier und sechzig Pfund,
Des gibt der Stain und schrift Urkundt.

Drey Nägel stecken hie vor Augen,
Die mag ein jeder Springer schauen,
Der höchste zwölf Schuech vun der Erdt,
Den Herzog Christoph Ehrenwerth
Mit seinem Fueß herab thet schlagen.
Kunrath luef bis zum ander' Nagel,
Wol vo' der Erdt zehnthalb schuech,
Neunthalben Philipp Springer luef
Zum dritten Nagel an der Wandt,
Wer höher springt, wird auch bekannt.

So es sich nun bei der Sache nur um einen Wurf
und um das höher Springen allein gehandelt hätte, wäre
das Ganze nichts, als ein gewöhnliches Denkzeichen. Das
Ganze ist aber schon ein rechtes Wahrzeichen, weil da von
Güte und Herablassung eines fürstlichen Helden Zeugschaft
gegeben wird, nebenbei von unterdrückter Liebe seines eigenen Herzens. In Kurzem: der edle Held und Herzog hat
seine Leibesgewalt und Behendigkeit zum Glück seines lieben,
treuen Dieners Philipp Springer angewendet und ihm dadurch die Hand der schönen Bildschnitzerstochter Gertraud
zugebracht. Wer die ganze Sache ganz genau lesen will —
sonderlich, wie der Herzog in der Wieskapelle mit der schönen Gertraud zusammen traf, dann wegen des dicken Rathsherrn Florian Hundertpfund, der in die schöne Maid ver-
liebt war, wie der Philipp Springer, der sie von früher
her kannte und liebte, bei ihrem Vater einkehrte, wie dann
noch der reiche, fremde Kaufherr Kunrath dazu kam, der
die Gertraud auch gerne zum Altar geführt hätte, und
was sich da weiters Alles ergab, bis es auf die Probe

ankam, wer denselben Stein am Weitesten würfe und am
Höchsten springe — der kann das wieder in den Abenteuern
Herzogs Christoph von Bayern klar und deutlich und ver=
gnüglich finden.

Wegen dieses Steines ist aber noch etwas zu be=
merken.

Der bewußte Wurf und Sprung geschahen nicht etwa
an der Stelle, wo Stein und Tafel nebst Nägeln jetzt befind=
lich sind, sondern in der alten Ludwigsburg, oder dem al=
ten Hof — links an der langen Wand, wenn man von der
Burggasse hereinkömmt. Dort war Stein und Tafel, bis
sie, zur Zeit man den schönen Grottenhof herstellte, gerade
über davon, in die, jetzt alte, Residenz versetzte.

Was das Uebrige und namentlich die Gefangenschaft
des ritterlichen Herzogs betrifft, welche er durch seinen
Bruder Albrecht längere Zeit zu erdulden hatte, so war
der in's Spiel kommende, runde und mit Epheu reich um=
wachsene Thurm bis in unsere Zeit gerade über vom un=
teren Ende des Hofgartens zu sehen, und es ragte der=
selbe gar stattlich vom Wassergraben unten empor. Seit=
dem die Residenz auf dieser ganzen Seite, sonderlich von
Außen, neu gebaut, und dann jener Graben ausgefüllt und
Alles eingeebnet wurde, steht zwar der Thurm nicht mehr
äußerlich sichtbar vor Augen. Aber wer vom letzten Hof aus
in die treffende Ecke der Residenz geht, befindet sich dafür im
Thurm selbst. Denn er wurde zur Erinnerung dem Ge=
mäuer einverleibt, und im Verhältniß des außerhalb er=

höhten Erdbodens befindet man sich gerade in dem nehm=
lichen, oberen Raum, in welchem der Herzog gefangen saß.

Was es mit dem Schwert desselben in unserer Zeit
sei, wird sich an einem anderen Orte zeigen.

Weil nun der ruhmwürdig, abenteuerliche Fürst den
Namen Christoph trug, so ward dieser Name, wie schon
früher oft, so später noch mehr gebraucht und geehrt, und es
kam damit der ursprüngliche Namens=Patron, der heilige
Christopherus zu stets erhöhtem Ansehen.

Weil es nun gar Manche geben mag, welchen die Kir=
chenlegende von diesem heiligen Manne entweder gar nicht
oder nicht in der echt alten Weise bekannt ist, so wird
es Solchen nicht ganz unlieb sein, wenn sie dieselbe hier
aufgezeichnet finden.

Sie lautet aber, kindlich getreu, wie folgt:

„Es war in Canaan Einer des Namens Opherus,
der war von seinen Eltern aus ein Heide, überaus
groß, breit und mächtig und hielt nichts auf schöne
Gewänder, so mächtig und reich auch sein Vater war.
Vielmehr ging er ganz verwahrlost und in so weit
möglich in Gotts gegebener Gestalt.

Wie er nun in seiner Stärke und Größe stets mehr
heranwuchs, war er auf selbige Größe, Stärke und
Ausdauer so stolz, daß er keinem Anderen, als dem
mächtigsten Herrn dienen wollte. Deshalb ließ er
sich's eifrig angelegen sein, zu erfragen, wo der „ge=
waltigste König lebe.“

Da wies ihn Einer an einen stolzen König weitab

von Canaan. Der war fürwahr so mächtig und ge-
waltig über Land und Leute, daß dem Opherus kein
Anderer größer schien, weshalb er sich zu seinem
Dienst erbot.

Da kam einmal ein Spielmann. Der sang und erzählte vor dem König von Eitelkeit, der Lust der Welt
und viel Anderem, davon sich der Mensch zu wahren
habe. Dabei nannte er oftermalen den „bösen Feind,"
und so oft er ihn nannte, schlug der König ein Kreuz.

Da nun der Spielmann von hinnen war, fragte der
Opherus den König, was er mit dem Strich auf
Stirne, Mund und Brust gemeint habe. Sagte der
König: „Damit meinte ich so viel, daß ich mich vor
Dem segnete, dessen Name genannt wurde. Das sollst
du auch thun inskünftig, denn dann flieht er, wann
er etwa unsichtbar da wäre. Wenn Einer aber das
Zeichen nicht macht, gewinnt er leicht Gewalt über
die Seele und bringt sie in's Verderben."

„So", sagte der Opherus, „du fürchtest dich also
vor ihm? Also ist seine Kraft größer, als die deine.
Sint ich das weiß, mag ich dir nicht mehr zum Knecht
sein, denn ich diene nur dem Mächtigsten!"

Darauf verließ er den König und fragte aller Orte
nach dem „bösen Feind." Den kannten Alle von Namen und erschracken, wo er aber sei, das konnte ihm
Niemand sagen.

Da kam er eines Tages in eine Wildniß und
sah eine Ritterschaar daherkommen, und vor ihr ritt

Einer in schwarzem Rüstzeug, der war fast ernst und schaurig düster. Als er aber den Opherus erblickte, lächelte er, ritt von den Seinen weg und auf ihn zu und sagte: „Willkommen! Du bist der gewaltige Opherus, und ich weiß wohl, was du suchst und wen. Bleib du nur und diene mir, denn ich bin der mächtigste König der Welt, der böse Feind.“

Da sagte der Opherus: „Da du Alles von mir weißt und der böse Feind bist, will ich dir dienen.“ Und sie zogen selbander fort und kamen in eine Höhle und unter den Erdboden hinab. Da war Alles finster und öde, und des Opherus neuer Herr sagte, er wolle ihm seine Macht zeigen, und was er verlange, das sollte geschehen.

Sagte der Opherus: „So mach', daß der Boden da grün sei und aus dem Dunkel Licht werde.“

Auf dieß war da mit einemmal die lustsamste Wiese zu sehen und auf der war ein schöner Garten mit Bäumen, die voll Früchten hingen, auch wandelten ganz seltsame Thiere auf und nieder und sonderlich bunte Vögel flogen herum, zu oberst aber war's wie der lichte, blaue Himmel.

Sagte der Opherus: Jetzt will ich aber, daß das alles zu Grund geh, laß du ein Wetter kommen!“

Und es stund nicht lange an, so kamen Wolken daher und Blitz und Donner und Hagel, und da ward Alles zernichtet, und es kam wieder die Finsterniß, wie zuvor.

Auf dieß und viel Anderes sah der Opherus, er sei beim mächtigsten Herren und König, zog mit ihm heraus aus der Erde, blieb bei ihm und that Alles, was ihm befohlen ward, ohne daß er fragte, weshalb.

Nun kamen sie einst selbander auf ein Sträßlein; unfern davon war ein Kreuz aufgerichtet, und als des Opherus Herr das wahrnahm, schlug er einen anderen Weg ein.

Da fragte der Opherus, warum er abseits reite?

Sagte der Andere: „Da steht ein Kreuz am Weg, und wo ich das sehe, mag ich nicht hin."

Fragte der Opherus: „Bedeutet's denn etwas?"

Sagte der böse Feind: „Ei sicher. Das gemahnt mich an Einen, des Namens Jesu Christ, den ganz allein kann ich nicht ertragen."

„So", sagte der Opherus, „ei wenn du vor seinem Zeichen fliehst, ist er auch mächtiger, als du — ich will dir nicht mehr dienen, sondern ihm, er mag mir auf= erlegen, was ihm bedünkt!"

Drauf zog er vom bösen Feind weg und fragte aller Orte nach dem mächtigsten König Jesus Christus.

Da sagten die Einen, er sei überall, und die An= deren sagten, er sei im Himmel, aber Alle priesen seine Milde und Güte, obschon er große Opfer ver= lange.

All aus dem ward der Opherus nicht klug und suchte immer weiter, bis er zu einem Einsiedel kam, den sah er vor einem Kreuz knieen, dachte da, wenn

Einer, kann mir Der da Bescheid geben, fragte, wo
der mächtige König Jesu Christ zu finden sei, weil
er ihm dienen wolle, und gab Bericht von Allem,
was er gehört habe.

Sagte der Einsiedel: „Was du hörtest, ist auch wahr.
Er ist im Himmel und doch überall auf Erden, er ist
aller Dinge Herr und der König aller Könige. Wer
ihm aber dienen will, der muß gut fasten und beten,
sein sündiges Leben abtödten und muß voll größter
Demuth sein, also wohl gegen Große, als Kleine.“

Sagte der Opherus drauf: „Ich will nicht beten
und fasten, was hab’ ich und was hat er davon?
Von der Sünde weiß ich nichts, aber mit der Demuth will ich’s versuchen — also was willst du, daß
ich zuerst thu’?“

Sagte der Einsiedel: „Dort ist ein großes Wasser,
und es geht kein Steg darüber. Wenn es dir
mit deiner Demuth Ernst ist, so stell’ du dich Tag
und Nacht hin, oder bau’ dir ein Obdach — und wann
Einer kommt, groß oder klein, so murr’ nicht und
trage ihn hinüber. Das thu’ deinem Herrn und König zu Lieb und siehst du ihn nie in deinem Leben,
wirst du ihn nach deinem Tod sehen.“

Sagte der Opherus: „Da ist dann noch lang hin,
und etwa seh’ ich ihn dann auch nicht!“

Entgegnete der Einsiedel: „Du sollst nicht zweifeln.
Halte dich nur tapfer, dann komm’ ich und will dich
taufen, und wann immer du stirbst, fährt deine Seel

zum Himmel und dort wirst du deines Herrn an=
sichtig."

Darauf ging der liebe Herr Opherus von dannen,
war fleißig bei Tag und Nacht, trug die Menschen
über's Wasser, wartete auf des Einsiedels Ankunft,
daß er ihn taufe, und weil er noch immer nicht kam,
ward Sorge in ihm wach, er habe seinen Dienst nicht
recht gethan, werde seinen Herrn vielleicht nie sehen,
nicht hier und nicht nach seinem Tode, und dachte
zuletzt, der Einsiedel treibe sein Spiel mit ihm.

Da hörte er einst in der Nacht eine Stimme, gleich
der eines Kindes, und die rief: „Du, Ophere, erheb'
dich!" Auf dieß erhob sich der liebe Herr Opherus
von seinem Binsenlager, sah aber nirgends etwas.
Und so erging's zum zweiten, und zum dritten Male
aber sah er ein holdes Kind am Ufer stehen, das
sagte: „Du bist treu in deinem Dienst, trag' mich
über dieß Wasser!"

Da nahm der liebe Herr Opherus das Kind auf
den rechten Arm und seinen Stab in die linke Hand
und ging in das Wasser hinein. Da wuchs das
Wasser allmählig, als wolle es über die Ufer steigen,
das Kind aber auf seinem Arm ward schwerer und
schwerer, als wär's von Blei, und das Wasser ward
zuletzt so hoch, daß der Opherus meinte, nun müß' er
bald ertrinken, und das Kind ward so schwer, daß
er's schier nimmer zu tragen vermochte. Da hielt er
an und sagte: „O Kind, ich weiß nimmer, soll ich

hin oder zurück vor lauter großem Wasser und vor Gefahr, und bist du doch so schwer, als trüg' ich die ganze Welt auf mir!"

Darauf sprach das Kind mit seiner wundersamen Stimme: „Du trägst nicht allein diese Welt, du trägst auch Den, der da ist der Herr des Himmels und der Erde und der König aller Könige, und sieh', ich will dich selbsteigen taufen." Und das Kind tauchte des Opherus Haupt etliche Male unter das Wasser und sprach dazu: „Ich tauf' dich im Namen Gottes des Vaters und Meiner, Gottes des Sohnes und Seiner, Gottes des heiligen Geistes, die da sind Dreierlei und sind doch Eins. Also bist du getauft und kann deine Seele nimmer verloren sein. Und weil du mich getragen hast, deinen Herrn Jesu Christ, dem Alle sollen dienen, nicht daß sie erniedrigt seien, sondern groß und heilig werden, sollst du nimmer Opherus heißen, sondern du sollst heißen Christopherus."

Sagte der liebe, heilige Herr Christopherus: „O, ist die Rede gut, ist denn das Alles kein Traum?"

Und sagte das süß liebe Jesukind: „Nein! das ist kein Traum, du wirst selig sein in meiner Nähe. Das soll sich dir wohl weisen. Kehr' an's Ufer und steck' deinen dürren Stab in die Erde, und also wie er blüht, also wirst du zum Himmel neu erblühen, wenn dein irdischer Leib abgedorrt ist!"

Darauf verschwand das Kind von seinem Arm, das Wasser aber ward nieder, wie es vordem gewesen war, und der liebe Herr Chriſtopherus ging an das Ufer, ſteckte ſeinen dürren Stab in die Erde und betete die ganze Nacht auf dem Antlitz. Und als er am Mor= gen aufſah, war ſein Stab voll grüner Blätter und Blumen. Da war er ganz in Freuden und rief: „O Herr, weil das iſt geſchehen, glaub' ich feſt und will Andere lehren, daß ſie auch glauben!" Dann rief er den Einſiedel herzu, ſie knieten ſelbſtzweit nieder und beteten gar herzinniglich, und der Einſiedel bat den Chriſtopherus um ſeinen Segen.

Den gab er ihm. Als er dann wieder hinſah, war der Stab dürr, wie vorher — und er nahm ihn und zog fort und von dannen und bekehrte viele Menſchen bis zu ſeinem ſeligen Tode."

Das iſt die Sage vom heiligen Chriſtopherus, und wer ſie noch nicht wußte, der weiß ſie jetzt ganz genau.

Wieder ein bedeutsames Wahrzeichen ist die Hostiensäule auf dem Kirchhof vor dem Sendlingerthor. Die steht rechts ab vom mittleren Weg, von der Kirche aufwärts. Sie stand aber früher ganz wo anders, nämlich in der Stadt bei der Salvators-, oder wie sie jetzt heißt, der griechischen Kirche; und noch früher war sie wieder an einem anderen Orte.

Davon und wie Alles erging, ist hier kurze Kunde.

Diese Säule mit ihrem Thürmchen betrifft den Raub einer Hostie, welchen eine alte Frau in den ersten Jahren nach Ao. Dom. 1400 in der Marienkirche ausführte, um

sie, wie es heißt, außerhalb der Stadt einem Juden aus=
zufolgen, welcher sie dort erwartete. Nun ließ sie dasselbe
hohe Heiligthum in Gewissensbissen vor dem Schwabinger=
Thor, das heißt, am Anfang der heutigen Briennerstraße,
fallen, und als die Hostie von Etlichen gefunden ward,
trug man sie in feierlicher Prozession wieder in die Ma=
rienkirche zurück.

Auf dem Fundorte ward nun eine kleine Kapelle
erbaut und zwar zu Ehren des Erlösers, und davon hieß
man dann das Thor selbst wechselweise auch unseres Herrn
Thor, das kleine Gotteshäuslein aber die Erlöser= oder Sal=
vator=Kapelle.

Später Ao. Dom. 1493, zur Zeit Herzog Albrecht
der Weise regierte, ergaben sich einige nöthige Veränderun=
gen vor der Stadt; da trug man die besagte Kapelle ab
und errichtete an ihrer Stelle jene Denksäule. Etliche meinen,
sie sei da schon alleranfangs errichtet worden und nur stehen
geblieben, dem aber ist nicht so? Oben herum ließ der
Herzog von einem Steinmetz vier Vorstellungen machen:
Die Frau, welche die Hostie raubte, die Dornkrönung Christi,
die Kreuztragung und die Kreuzigung. Das Alles ist schon
sehr verwittert, es läßt sich aber noch Manches erkennen.

Die Umschrift lautete:

Albrecht Marktgrave bei Rhein, Herzog in ober und nieder
Bayrn hat das Werk machen lassen. Im jar 1494.

Es ging aber dem Herzog nicht in den Sinn, daß er
München um ein Gotteshaus vermindern sollte, so daß er
auf dem sogenannten Frauenfriedhof, dem jetzigen Markt

an der griechischen Kirche, wo schon eine kleine Kirche stand, zum Ersatz eine große zu bauen beschloß. Er ließ also die kleine abbrechen, die jetzige mit ihrem hohen, spitzen Thurme aufrichten, welche man noch heut zu Tage vor Augen hat, und nannte sie zur Erinnerung an jene vor dem Schwa= binger Thor — die Salvators=Kirche.

Als das geschehen war, mußte später, weil sich vor dem Thor noch immer Veränderungen ergaben, auch die bewußte Hostiensäule auf den Frauenfriedhof versetzt werden.

Unfern davon ließ dann, wieder später, Herzog Wil= helm V eine steinerne Laternsäule errichten, in welcher hinter rothem Glas ein ewiges Licht brannte.

So standen die zwei Säulen immerfort bei einander, bis im Laufe der Zeiten der Frauenfriedhof aufgehoben und Alles was darauf war, weggebracht ward, also auch die zwei Säulen, welchen man auf dem großen Gottesacker vor dem Senblingerthor ein Plätzlein gönnte, wo sie nicht all= zuweit von einander stehen.

Uebrigens sah man noch Ende des vorigen Jahrhun= derts am Eingange des Frauenfriedhofes zwei kleine ge= malte Täflein, darauf die Gefangennehmung der alten Frau und die Erhebung der Hostie durch die Geistlichkeit ab= gebildet war. Sie kamen auf's Weitere in Besitz eines alten geistlichen Herrn, bei dem ich sie selbst noch sah, als ich ganz jung war. Wo sie hingekommen sind, weiß ich aber nicht, ich wollt', ich wüßte es.

Weil nun just die Rede vom Frauenkirchhof und den zwei Steinsäulen, mag noch etwas gesagt sein.

Nemlich bei ben zwei Säulen stand bie alte Georgen=
Kapelle, welche Herzog Albrecht zugleich mit ber großen
Kirche erbaute, unb in bieser Kapelle wurden bie vornehmen
Herren zu Georgi=Rittern geschlagen. Selbiger Ritterschlag
geschah unb geschieht noch heut zu Tage an bes Heiligen
Festtag.

Nun aber in ber Hoftapelle ber alten Residenz.

Bei bieser Gelegenheit sieht man bie hochvornehmen
Herren burch bie Gänge ber Residenz und ben Kapellenhof
ziehen, männiglich in langen unb weiten himmelblau=
sammtenen Mänteln, unb Alles babei ist alterthümlich. Die
Prinzen ziehen auch mit, unb ber König, welcher ber Georgi=
Ritter Großmeister ist, besgleichen — ber Ritterschlag aber
geschieht mit bem Schwerte bes Herzogs Christoph, benn
bas unb seinen Schild haben wir noch zu München, weil
sie hieher gebracht wurden, als er auf ber Heimkehr von
seiner Pilgerfahrt seliglich gestorben war.

Aus all Dem kann Jeber erkennen, baß ber heilige
Georg seit uralten Zeiten just nicht zu ben geringsten
Heiligen im Lande Bayern zählt. Wenn es aber barauf ankäme,
wüßte boch wieder Mancher nichts Näheres von ihm. Es
könnte bemnach, mein' ich, nicht so fast schaden, wenn ba
von seiner ururalt echten Legende einige Kunde verlautete,
benn sie ist gar lustsam auferbaulich.

Zu vermerken:

„Der heilige Georg war ein Ritter unb eines
Grafen zu Palästina Sohn unb hat ein Banner in
ber Hand, unb bamit ist es so:

„Zu denselben alten Zeiten, als der Pabst Marcellus regierte, stritt Herr St. Georg gegen das Heidenvolk aller Art und erfocht einen Sieg um den andern. Da sollte es einst vor Cappoboci schon wieder zu einer Schlacht kommen, St. Georg hatte aber eine so geringe Zahl Kriegsleute bei sich, daß die Heiden über seine Handvoll spotteten.

Auf dieß ließ er die Seinigen niederknieen und beten. Das mißverstanden die Heidnischen drüben und schickten Einen herüber, der sagte: „Euch ist verzweifelt bang, so viel sehen wir schon. Ergebt Euch und opfert unseren Göttern, dann kann's Euch insoweit noch gut ergehen — wo nicht, so seid Ihr sämmtlich des Todes."

Sagte St. Georg: „Wär' wohl recht! Wir sind des Todes nicht, sondern Ihr, und wir sind keineswegs verzweifelt, sondern wir beten um ein Zeichen vom Himmel."

Sagte derselbige Heide: „Und was soll denn das sein?"

Antwortete St. Georg: „Du lecker Heide, du, das will ich dir wohl sagen. Wir warten auf ein Zeichen, das aus Einem von uns Zehne macht, und ich seh' das Zeichen schon kommen."

Sagte der Heide: „Ich seh' nichts, und du lecker Christ siehst auch nichts. Wenn wir aber Beide was sähen und dein Zaubergott aus Einem von Euch Hundert machte, so schlügen wir Euch doch zu Tode, denn unser sind zu Viele."

Drauf ging er fort und in's heidnische Lager zurück.

St. Georg aber sah ganz freudig gegen Himmel, denn der hatte sich aufgethan und von da schwebte ein Engel nieder und führte ein weißes Banner mit einem rothen Kreuz inmitten in der Hand. Das gab er St. Georgen und sagte: »In hoc signo vinces! Aus Einem von Euch sollen Hundert werden und aus Tausenden der Heiden Einer, der für Euch ficht. Was das bedeutet und heißt, selb wirst du wohl erkennen.«

Da machte sich Herr St. Georg mit den Seinen auf, zog gegen das heidnische Lager und rief: „Jesu Christ von Nazareth, wer mag gegen dich sein?“

Da wurden die Heidnischen ganz wüthig, hoben die Schlacht an und glaubten, das Christenvolk wie Gras zu mähen. Aber der liebe Herr St. Georg hielt sein Banner hoch in die Luft und schlug mit sei'm Schwert auf das Heidenvolk ein, und die Seinen thaten desgleichen, daß es eine grause Schlacht ward und man den Staub drei Meilen Weges aufsteigen sah. Da wurden unzählige Heiden erschlagen, deren Seelen fuhren abwärts, und von St. Georgen wurden auch Viele erschlagen, deren Seelen fuhren aufwärts in den Himmel, und zuletzt wurden ganz und gar alle Heiden vernichtet, bis auf Einen, der war ihr Feldherr. Der entrann und brachte die Botschaft vom Himmelsbanner und Christensieg aller Ende in die Heidenschaft hinaus. Das ging gar Vielen zu Herzen, daß sie ihre Abgötter zerschlugen, gute Christen wurden, mit dem Feld=

herrn zum St. Georg zogen und mit ihm zu Ruhm
und Ehre unseres Herrn Christ stritten. Also war des
Engels Wort erfüllt."

Eine andere Kunde von St. Georg ist die:

„Zu einer Zeit ließ ihn der römische Kaiser Dioc=
letian gefangen nehmen und bis auf Weiteres in die
Hütte eines armen Weibleins bringen, da ward er
angebunden, draußen aber war es Winter, es lag
tiefer Schnee und grimmig kalt war es.

Wie nun St. Georg und das Weiblein allein waren,
sagte dasselbe: „Du thust mir leid und hätt' ich was,
gäb' ich dir was, aber ich hab' selbst nichts, denn
Hunger und Kummer, weil mein Kind ist krank und blind.
Ach wenn nur dem geholfen wäre, aber da ist keine
Hülfe. Ich will fort und zu den Göttern beten, viel=
leicht schenkt mir dann Einer ein Stücklein Brod,
sonst vergeh' ich und Mein Kind, und dir kann ich
auch nichts geben."

Sagte St. Georg: „Deine Götter werden dir nicht
helfen, aber der Meine wird es."

Und antwortete sie: „In was denn der deine!
Der ist ja kein Gott, sonst wärst du nicht in Ketten."

Als nun St. Georg allein war, betete er. Da
kam ein Engel, löste ihm die Ketten ab und sagte:
„Lüpf' die Arme an den Thürpfosten, da wird der
Alten in jeder Weise geholfen sein."

Da lüpfte der liebe Herr St. Georg die Arme an
den Thürpfosten, und auf das ward aus dem dürren

Holz ein freistehender Baum mit breiten Aesten, das
Dach ward zu einem Laubdach, von allen Zweigen
hingen die schönsten Früchte und aller Orte sangen
die schönsten Vögelein, unterhalb aber war eine lustig
grüne Wiese und auf der stand eine Tafel von Rubin=
stein, darauf lag himmlisches Brod und ein goldener
Becher, mit Wein gefüllt, stand dabei.

Als da das Weiblein durch den Schnee heimkam
und hineinsah, war es ganz voll Staunens, St. Georg
aber gebot ihr, zu essen und zu trinken. Das that sie,
und es fielen ihr die himmlischen Früchte auf den Tisch,
je nachdem sie nach einer Frucht Gelüste hatte, und
den Wein trank sie, aber es rannen ihr die Thränen
in den Becher und sie sagte: „Vor Hungers vergaß
ich meines Kindes, das will ich bringen und laben —
ach, könnt's nur die Pracht und Herrlichkeit sehen;
aber das vermag dein Gott nicht, so er aber das
könnte, wären die Meinen gegen ihn nichts!"

Sagte St. Georg: „Laß ab von deinem Weh=
kummer, denn es ist dir geholfen."

Und als das Weiblein an des Kindes Lager eilte,
war es, statt krank gesund, und sah lächelnd auf, als
könnt' es die Mutter sehen; und da wollte das Weib=
lein seinen Sinnen nicht trauen, trug's eilig vom
Kämmerlein dahin, wo der schöne Baum war, und als
das Kind zu Zweigen und Früchten sah und das
Händlein ausstreckte, da fuhr der Glaube an des
Kindes Heil und an des St. Georgen Gott in des

Weibleins Herz, als daß sie ausrief: „Die Meinen
sind ohnmächtig und grausam, aber dein Gott ist gut
und allmächtig!" Und sie nährte ihr Kind voll Seligkeit
mit himmlischem Brod und Wein und eilte dann fort
mit demselben und durch den Schnee weiter, daß es dem
Volk verkünde, was geschehen sei.

Da kam viel Volkes daher, das konnte sämmtlich in
die Hütte, die zu einem Laubdach geworden war, und
wollte mit sammt dem Mütterlein getauft sein. Das
thät St. Georg mit Freuden, und es fiel ein Thau
auf das grüne Gras, den hob St. Georg mit der
flachen Hand und taufte Alle und Jeden, und sie gingen
ganz selig von bannen, denn ihre Seelen waren verändert und ihre Herzen der Freude Gottes voll.

Und als der Kaiser hörte, was da geschehen sei, und
von einem Baum vernahm mit Vöglein, Früchten und
von Wein, himmlischem Brod und sonst Allem, da wollt' er
der Dinge ansichtig werden und ging durch den Schnee
dahin — und da er eintrat, schwiegen alle Vögelein,
dorrten alle Blätter und das Gras ab, verschwand
der Baum und Alles und war da die Hütte, wie vorerst. Darob entsetzte er sich und floh von bannen in
den Schnee und Winter hinaus. St. Georg aber
segnete das Weiblein und ihr Kind und zog seines
Pfades von bannen, ganz frei, denn seine Leidenszeit
war noch nicht gekommen."

Wieder Eines vom St. Georg ist das:

„ Einst sagten die Heidnischen: „Bet' unseren Sonnen=
Gott an, wo nicht, so bist du des Todes."

Sagte St. Georg; „Wenn er zu mir kommt."

Sagten die Heidnischen: „Nun seht, der. meint,
unser Gott komme zu ihm!"

Sagte St. Georg: „Das will ich Euch wohl zeigen."
Und sprach zu einem Christenkind: „Geh' hin und
sag' ihm, er soll von seinem Stein herabsteigen und
dir folgen, und so er nicht gehorchen will, nimm die
Ruthe da und zwing' ihn!"

Da kam der steinerne Gott daher, und das Kind
trieb ihn mit der Ruthe. Drob staunten die Heidni=
schen sehr und waren voll Zorn und Wuth. Das
achtete aber der liebe Herr Georg mit nichten, sondern
sagte zum steinernen Gott: „Ich frag dich im Namen
Christi, bist du der Sonnengott oder wer bist du?"

Auf das kam ein großes Zittern über den Andern
und er sagte: „Muß ich's denn sagen? Ich bin Einer
von denen, so Gott vom Himmel gestossen hat. Wart,
ich will mich an dir rächen!"

Sagte St. Georg: „Dein acht' ich nicht, ich will,
daß du dich in deiner wahren Gestalt zeigst."

Da stand der böse Geist in gräulicher Gestalt vor
Aller Augen und schrie um Erbarmen.

Der liebe Herr St. Georg aber rief: „Sei verflucht
in den Abgrund der Hölle!"

Auf das that sich der Erdboden auf, und es fuhr eine
Flamme herauf, und der böse Geist versank unter

großem Geschrei, und die Heidnischen schrieen auch
groß Zetter und flohen vor St. Georgen auf und davon."

„Wieder einst wollte der Kaiser St. Georgens Macht
dennoch Schmach anthun. Da ließ er einen Sarg
bringen, darin lagen die Gebeine vieler Heiden, und
sagte: „Bist du so gewaltig, also mach' sie lebendig!"

Sagte St. Georg: „Ich nicht, aber ein Anderer,
der über mir ist."

Und als er gebetet hatte, kamen alle Gebeine zusammen, wie sie zu einander gehörten und erwuchsen zu
Leibern und es wurden lauter sichtbare Menschen daraus,
die sagten: „Sie lägen da 313 Jahre lang und hätten
auf Den gewartet, der ihre Seelen rette."

Sagte der Kaiser: „Der bin ich, denn ich hab'
Euch durch die Macht meines Zauberers erweckt, selb
ist der Georgius da."

Antworte Einer: „Du bist ein Lügner, denn einen
Zauberer preisen Gottes Engel nicht, das hörten wir
aber in der Weise vom St. Georg, und Der soll uns
taufen, dann sind unsere Seelen gerettet."

Da machte St. Georg ein Kreuz über die Erde,
daraus entsprang ein Quell und aus dem taufte er
die Auferstandenen. Dafür dankten sie ihm gar sehr.
Und er sagte: „Nun seid Ihr Christen, ich aber frag'
Euch, wollt Ihr zum zweiten Male wandeln auf Erden
und für Euren Glauben sterben?" Drauf sagten sie
wie aus einem Munde: „Das wollen wir."

Sagte St. Georg: „Euer Wille geht für's Werk, drum sollt Ihr nicht in Leiden sterben, sondern in Freuden." Und machte ein Kreuz über sie und sprach: „Legt Euch wieder in Euren Sarg, und Eure Seelen sollen gen Himmel fahren in's Paradies. Da grüßt mir Vater, Mutter und meinen Bruder, und die Jungfrau Maria, aber vörderst meinen Herrn Jesu Christ, Dem dank' ich in der Demuth all' meinen Muth."

Da sagten die Anderen: »Gloria in excelsis!« Und dann waren sie nimmer da, sondern lagen beinweise wieder im Sarg. Da ward dem Kaiser bang, daß er nimmer bleiben möchte und er von bannen ging. St. Georg aber thät den Sarg zu den Christen begraben, da harren sie fröhlicher Urständ am jüngsten Tag."

Nun hatte der liebe Herr St. Georg mit einem Drachen zu schaffen. Das war so:

„Zur selben Zeit war im Lande Silena ein gräulicher Drache, der war an einem See und vergiftete alles Wasser, und wo ihm ein Thier oder Mensch nahte; da fraß er Alles, und wenn lange nichts des Weges kam, kroch er in die Stadt, und das gefiel ihnen in der Stadt mit nichten, sondern sie gingen gern hinaus und fütterten ihn mit zwei Lämmern. Je mehr er aber Lämmer fraß, desto mehr wollte er, bis dann schier kein Lamm mehr in der Stadt war. Auf das beschlossen sie, das Loos zu werfen, und welchen Menschen es treffe, der sollte dem Drachen geopfert werden und ein Lamm dazu.

Und eines Tages war kein Lamm mehr da, und es fiel das Loos auf des Königs Tochter. Da weinte der König und bat um acht Tage Frist. Und als sie verstrichen war, bat er wieder, aber es frommte nicht, sondern er mußte der Tochter Urlaub geben; da schieden sie in großem Jammer von einander, und die Jungfrau ging zum See, weinte bitterlich und harrte ihres Todes, wann der Drache einherkäme.

Und wie das so war, kam der liebe Herr St. Georg daher geritten, sah die traurige Jungfrau und stieg ab von seinem Roß und fragte sie um ihr Leid.

Da sagte sie's und bat ihn, daß er fliehe, denn ihr sei nicht zu helfen. Er aber tröstete sie im Namen Gottes, und mittlerweile stieg der Drache aus dem See heraus. Ueber das erschrack die Jungfrau, St. Georg aber schwang sich auf sein Roß, that ein Kreuz über sich, ritt gegen den Drachen an und stieß ihm sein Schwert ein, daß der Drache schwach ward und in seinem schwarzen Blut umfiel.

Und sagte der liebe Herr Georg: „Er ist noch nicht todt. Nimm deinen Gürtel, schlag ihn um seinen Hals und führ' ihn in die Stadt!" Das that die Jungfrau, und St. Georg ritt ihr zur Seite, und als das Volk den Drachen am Gürtel sah, schrie es laut und wollte fliehen. St. Georg aber rief es zurück und sagte: „Ich komm' zu Euch, daß Ihr Euch bekehrt von der Gefahr Eurer Seelen, wie Ihr befreit werdet von der Gefahr Eures Leibes, deshalb vertilg' ich dieß Ungethüm."

Und er zückte sein Schwert zum zweiten Male und erstach den Drachen gänzlich und zu Tode und ließ ihn außer der Stadt in die Erde vergraben.

Auf dieß bekehrten sich alle Menschen zu Silena, und der König ließ eine Kirche bauen, und als sie den Grund gruben, entsprang ein wunderbarer Quell, und als St. Georg männiglich das Christenthum gelehrt hatte, taufte er Alle und ritt von bannen.

Und nun kömmt das Letzte vom St. Georg, nachdem er schon für unseren Herrn Christ gestorben war:

Selb kamen die Heidnischen und belagerten die Stadt Jerusalem, darin die Christen waren, und Die konnten sich nimmer erretten. Da trugen sie St. Georgens Gebeine auf die Stadtmauer, und es faßten die Christen Muth, die Heiden aber geriethen in Zorn und schossen und stürmten so viel mehr, es waren ihrer aber an die Hunderttausende.

Da erschien in Lüften St. Georg, der Ritter Gottes und er hatte schneeweiße Kleider an über dem Rüstzeug und trug sein weißes Banner mit dem rothen Kreuz und rief den Christen fröhlich zu: „Wohl denn, Ihr Herren, wir sollen siegen mit der Hülf' Gottes!" Und er ließ sich auf die Mauern nieder und schwang hoch sein heiliges Zeichen.

Und als das die Christen sahen, da waren sie Alle voll Freuden und fielen mit Macht aus auf die Heiden, und es entstand ein ganzes Schlachten, und es flohen die Heiden, so viel Ihrer konnten, die Hälfte aber ward erschlagen."

Das ist die Kunde von St. Georg und seinem Sieg.

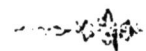

Herzog Sigmunds Denk- und Wahrstein.

Herzog Sigmund erbaute, wie Jeder weiß, den Lieb-Frauen-Dom.

Nun ließ er seiner Zeit zwei Stein-Tafeln links und rechts neben dem Kirchthor unter der großen Sonnenuhr anheften. Auf der links steht ein-gegraben:

Anno dm. m cccc jm lxxiii jar ist d' pau angefangen acht tag nach onser lieben frauen tag zw liechtmeß.

Anno 1488 ward der Bau vollendet.

Auf des Baumeisters Grabstein in der südlichen Frauenthurmhalle steht geschrieben:

Ao. Dom. 1488 an montag nach sant michelstag starb maister Jörg (Gankoffen) von Halsbach maurer dies Gotzhaus vnser lieben frawen, der mit der hilf gotz vnd seiner hant den ersn den mitlln vnd den löstn stain hat vollfuert an diesem pau. der mit hie pegraben vnd Margret sein eliche hausfrau. den got genadig sei.

Zur Rechten unter besagtem Kirchthor, geradeüber vom Denkstein des Kirchanfanges, ließ Herzog Sigmund in die Mauer einen Denkstein für sich selbst einsetzen. Auf dem= selben ist er in knieender Figur zu sehen, und unten die längere, lateinische Inschrift spricht seine Andacht zu Gott und seine Verehrung für die Jungfrau Maria aus, wes= halb er gelübbeweise ben Dom gestiftet und auferbaut habe. Zu oberst sprechen zwei lateinische Verse:

Clam fortuna ruit fragili pede, tempus et hora,
Nostraque sunt semper facta dolenda nimis.

von der Flüchtigkeit des Glückes, der Beklagenswürdigkeit und der Werthlosigkeit aller irdischen Thaten.

Als sich besagter Herzog diesen Sinnspruch ausersah, war er 29 Jahre alt und soll etliche Jahre früher von großer Liebe für eine bürgerliche Jungfrau erfüllt gewesen sein, so daß er sich zu allen Opfern bereit erklärt habe, um sie zu seiner Gemahlin zu gewinnen. Er überließ dann auch bekanntlich das Regiment an seinen Bruder, Albrecht den Weisen. Nun klingt es da und dort an, als sei jene schöne Jungfrau einem Anderen zum Altar gefolgt; an= bererseits weiß Jeder, daß der Herzog sein Leben lang unver=

ehelicht blieb, und so könnte es wohl sein, daß die zwei Zeilen einen noch besonders tiefen Sinn enthielten. Nämlich daß der Herzog in ihnen einen leisen Klageruf seines, in Liebe verunglückten Herzens, nebst der Vergeblichkeit seiner Entsagung auf das Regiment verewigen wollte. Insoweit könnte die obere Schrift ja wohl als ein geheimes Wahrzeichen gelten.

Jedenfalls scheint sich aber Herzog Sigmund später doch mehr getröstet zu haben, wie es denn geschrieben steht, er habe seine Zeit im Schlosse Blutenburg, nicht all zu weit von München, fromm=fröhlich zugebracht und viel Sinn gehabt für schöne Frauen, gute Cantores vel Singer und allerlei bunte Vögel.

Näheres darüber kann hierorts nicht ergehen.

Der Grabstein des Meisters von Nürnberg.

nter der großen Sonnen=
Uhr an der Liebfrauenkirche
ist außerhalb des Kirchthors
zur Linken ein ehrwürdig
alter Grabstein.

Dieser gilt dem blinden
Tonkünstler Conrad Pau=
mahn, Ritter, gebürtig von Nürnberg, einem Mann, gleich
merkwürdig in Begabtheit, Charakter und Geschick. Man
sieht ihn da, in rothem Marmor von kindlich schlichter Kunst
alter Zeit gebildet, an der Orgel sitzen im Talar und seiner
rupfenen Langhaube, die Finger ausstreckend auf den Tasten,
zu Füßen sind allerlei Instrumente, die Wendung des Hauptes
aber soll nach der guten Meinung des Bildhauers wohl

ausdrücken, daß der Meister den Tönen ein aufmerksames Ohr leihe.

Wenn man nun in Betracht zieht, was das heiße, blind sein und es in der Musik aller Wege so weit zu bringen, daß Einen die Kaiser und Fürsten einholen lassen und mit kostbarsten, seidenen und sammtenen, mit Pelz verbrämten Röcken, nebst einem kostbarem Schwert und sonstigem Geschenk beehren — voraus mit größtem Lob — so läßt sich dabei schon Manches denken und in Betracht nehmen, und mahnt es die Nachwelt in nicht unbedeutender Weise zu Fleiß und Ausdauer.

Aber damit ist es hier nicht abgethan.

Denn dieser Meister Conrad — von welchem, nebenbei gesagt, in der Staatsbibliothek noch ein von ihm diktirtes, wundervoll und heilig-anmuthig-schönes Kirchenlied vorhanden ist, das gar Vielen Freude machte, wenn es je wieder bekannt würde — dieser Meister hat nicht allein während seines Aufenthaltes in Nürnberg ganz merkwürdige, mahnungsreiche Schicksale gehabt, sondern ihm war es auch beschieden, als er durch Gottes Fügung nach München zog, den edlen Herzog Albrecht den Dritten — eben Jenen, welchem früher sein Vater die Agnes Bernauer in's Wasser werfen ließ — mit seiner Gemalin Anna von Braunschweig zu versöhnen. Dieß geschah durch ein Paar vielsagende, hochfürstliche Reime, welche der blinde Meister in Musik setzte und singen ließ, gerade als die widerspenstige Anna ihr Nachtgebet betete und sich weitaus allein dachte — bis sie die Töne und die wohlbekannten Reime vernahm, sodann der Thüre zuschritt, die Sänger und Pagen mit Lichtern sah und den Meister Conrad und ihren Gemal, dem sie sich längst gerne versöhnt hätte, wenn sie nicht zu stolz gewesen wäre.

Diesen Stolz bedauerte sie noch später gar oft; draus mag sich allein schon Mancher eine Warnung nehmen und in der Feindschaft die Hand zuerst bieten — denn das Leben ist so kurz — und je mehr Herzen gewonnen, desto reicher ist Einer!

Bei dem Gesagten kommt noch in's Spiel, daß der Meister zu Nürnberg einen welschen Musikus, Namens Fra Solina, zum Nebenbuhler hatte, den er im Orgelspiel besiegte und, als er ihn dafür der Zauberei anklagte, auch im Gotteskampf mit dem Schwert.

Auch hatte der Meister eine Pflegetochter, welche ihre Liebe zum Meister Lindenast von Nürnberg bis zum Tode des Conrads verheimlichte, weil sie diesen nicht verlassen wollte. Aber der Meister wurde es noch inne und gab ihr in inniger Anerkennung ihres erhabenen Sinnes, von Herzen seinen ganzen Segen. — So wurden die beiden Liebenden nach langer Entsagung noch glücklich. Der arge Welsche aber welcher von je sein sündiges Auge auf die Cornelia gerichtet hatte und den Conrad zu München im alten Hof ermorden wollte, starb im Gefängnisse.

Das Eckhaus, gerade über der Bank in der Theatinerstrasse, gehörte dem Conrad.

Seine Grabschrift lautet wörtlich so:

Anno Dom. MCCCCLXXIII an Sant Paul Bekehrungsabent ist gestorben und hie begraben der Kunstreichist aller Instrumenten und der musika Maister Conrad Pauman Riter pürtig von Nürnberg und plinter geborn dem god genad.

Geld um's Eck bei St. Michael.

Damit ist der kurze Thurm am unteren Ende der Michaelskirche gemeint.

Dieselbige Michaelskirche baute Herzog Wilhelm V., 1583 am 18. April ward der Grundstein gelegt, der Baumeister hieß Andreas Gundlfinger, der Jesuitenpater Valerian aus Welschland und Einer von München, des Namens Simon Stendl, waren auch im Spiel, der eigentliche Bauführer und ehrsame Maurermeister aber hieß Müller, dessen Conterfei in der Sakristei zu sehen ist.

Von diesem Müller geht die Rede: Er habe das wunderwürdige Gewölbe auf eigene Gefahr gebaut, und

Jedermann habe es als ein unvergleichliches Meisterstück anerkannt. Als aber der Herzog befohlen habe, in der Kirche ein Paar Kanonen abzufeuern, um die Prob' zu machen, ob es auch sicher gebaut sei, habe selbiger Müller, so sicher er seiner Sache war, doch aus Furcht die Flucht ergriffen und sei nimmer zu Tage gekommen Nun soll das gerade nicht ganz ohne sein, aber gekommen ist der Müller jedenfalls wieder, denn es existirt eine gewisse, ge= richtliche Aufschreibung aus unviel späterer Zeit, wobei sich der Müller wegen verschiedener Dinge vertheidigt, insonderheit des Thurmes wegen.

Aber von dem Thurm selbst zu reden.

Allererst war die Michaelskirche nicht so lang, wie später und jetzt, und wo sie zu Ende ging, war ein ganz hoher Thurm aufgebaut; auf dem stand, heißt es, derselbe St. Mi= chael, welcher nun zwischen den zwei Kirchthüren zu sehen ist. Das war Anno Dom. 1590, und die Kirche sollte schon bald eingeweiht werden. Da stürzte der Thurm ein, und die Jesuitenfeinde sagten, es sei das eine „Strafe Gottes und ein Zorn des heil. Michaelis," weil sie von den Jesuiten nichts wissen wollten. Drauf sagte aber der Herzog Wilhelmus: „Dem ist nicht so, vielmehr ist ihm die Kirche nur zu klein." Drauf befahl er, daß man das Gewölbe noch länger mache, ein ganzes Gebäu dazu setze und am Ende desselben einen neuen Thurm baue. Wie wenig weit man's aber mit dem brachte, steht vor Aller Augen. Denn nachdem der Herzog gar viel auf die Kirche verwendet hatte, auf einmal ließ er ab — und deshalb nannte man's am Thurm

„beim Geld um's Eck" — obgleich ein und der Andere be=
haupten will, man habe den Thurm wegen Blitzesgefahr
nicht höher gebaut.

Im Uebrigen erzählt man sich wegen des ersten, großen
Thurmes noch etwas Anderes:

Als der Herzog die Baumeister bestimmte, fühlte sich
der Hofbaumeister Wendel Dietrich arg gekränkt, weil er
sich auch Hoffnung gemacht hatte. Er sagte aber weiter
nichts Böses, sondern sah sich nur zeitweise die Pläne und
Aufrisse an und ganz besonders hatte er Acht, als es an
den Thurm ging. Als er nun sah, wie dick er werden solle,
weiters auch die Fundamente in Augenschein nahm, platzte
er einmal in seinem verhaltenen, gutmüthigen Zorn heraus
und sagte auf eine Frage des Herzogs: „Ich sag' nur so
viel — wann sie den Thurm nicht dicker bauen und das Fun=
dament nicht bessern, fällt er uns sammtlich auf die löblichen
Köpfe!" Das ward begreiflich bald bekannt. Denn der Herzog
fragte die Baumeister, Die zogen auf den Wendel Dietrich
los und machten dem Wilhelmus die Hölle so heiß, daß
er dem Wendel sagen ließ: „Er solle doch mit seinem
Gerede schweigen und seinen Tadel für sich behalten, und
das bei seiner Ungnade!" Dieß strenge Wort ließen sie
dem Wendel fühlen und bauten fort und fort, er aber
sagte nichts weiter, und wenn ihn Der oder Jener scherz=
weise fragte: „Nun, Meister Wendel, fällt der Thurm
bald ein?" antwortete er: „Schweigt, sonst trifft Euch des
Herzogs Ungnade!"

Wie nun seiner Zeit der Thurm fertig war, und die Leute viel und oft herumstanden und ihn anschauten, stand der Wendel Dietrich zuweilen auch dabei und scherte sich nicht viel um eine freundliche Spottrede.

Als er aber wieder einmal, die Hände auf dem Rücken, so da stand, kam der Herzog mit sammt den Baumeistern daher, ohne daß es der Wendel merkte, bis ihm der Herzog leicht mit der Hand auf die Schulter schlug und sagte: „Ei nun Wendel, was ist's denn mit meinem Thurm? Da steht er ja. Es bedünkt uns, er fällt dennoch nicht ein?"

Sagte der Wendel, den Hut lüpfend: „Heut' noch nicht. Erst muß das Rißlein dort oben zum Riß werden. Gott erhalte Euch, Herr Herzog!" Mit dem sah er noch einmal zum Thurm hinauf und ging seiner Wege.

Sagte der Gundlfinger: „Hoher Herr, er wird immer lecker, und was schwatzt er da von Rißlein und Riß!"

Wie nun der Herzog mit sammt den Baumeistern, den Weltlichen und den Patribus hinaufschaute, und die anderen Leute mit ihnen, sahen sie mit einemmale einen kleinen Riß, und sagte der Herzog: „Das ist nicht gut, Gundlfinger, am Ende hätte der Wendel doch recht gehabt!"

In Kurzem, eh' der Tag verstrich, ward der kleine Riß stets größer, und nächsten Abend sagte männiglich in der Stadt: „Wann das morgen wieder anhält, fällt der Thurm halt doch um!" Dazu kamen noch andere böse Anzeichen, also ward die ganze lobesame Stadt auf's mehrste aufgeregt, alle mögliche Vorsicht gebraucht, daß kein zu großer Schaden geschehe, und übereins brach dann das ganze Thurmgebäu zusammen — da gab's ein Gekrach und Gepolter, daß man's bis Dachau hörte, wenn nicht noch weiter, den St. Michael hatte man aber mit viel Müh' vom Thurmbach gehoben und salvirt, heißt es.

Da waren der Gundlfinger und die Patres, der Hiendl und der welsche Valerianus, eben nicht auf das froheste gestimmt. Der Herzog Wilhelmus aber ließ sie Alle mitsammt dem Wendel kommen, wusch ihnen „mit ersichtlicher Miß= billigung und hervorschauend arger Malkontenz, auch keines= wegs großgünstigen Worten" die Köpfe, weltlich und geist= lich; dann wandte er sich zum Wendel und sagte: „Wenn Ihr von Anfangs so gewiß und sicher gewußt habt, daß der Thurm einfalle, was habt Ihr dann nicht mehr Lärm gethan? Ich hätte gute Lust und entzög' Euch fürwahr meine Gnade!"

Sagte der Wendel Dietrich: „Ja, was Gnade, hoher Herr, da wußt Einer nimmer, wo aus und wo an. Erst verlor ich sie schier, weil ich etwas sagte, und jetzt verlör' ich sie wieder, weil ich nichts und nicht genug sagte — in der gotteslästerlichen Welt kann's Einer nie recht machen! Alle tiefste Obedienz, aber selb mir gnädig oder nicht, hättet Ihr mich genommen, wär's so weit nicht gekommen!"

Sagte der Gundlfinger: „Aber heut' ist er so ganz keck, daß sich ja Alles aufhält — laßt ihn doch einsperren, hoher Herr!"

Sagte der Herzog: „Wär' wohl recht! Wenn ich Einen zum Carcer condemnirte, wär's keineswegs der Wendel Dietrich, sondern Ihr, denn Ihr bautet schlecht, und das habt Ihr selbst erwiesen. Dafür sollt Ihr auf's Neue bauen, er aber soll Euch auf die Finger schauen, ich geb' ihm für zurück meine Gunst, Euch aber den Teu — Gott verzeih' mir — den Deut für Eure Kunst!"

Weil nun die St. Michaelskirche ein gar so treffliches Gottesgebäude ist, mag wohl Mancher noch Einiges davon vernehmen, sonderlich etwa von der Einweihung.

Die ging vor sich am 6. Juli 1597 und zwar in Gegenwart einer großen Zahl von Fürsten und sonst vornehmer Leute. Die weiß man noch Alle; es waren aber anwesend:

Der Weihbischof von Freising, Bartholomäus,

der Kirchstifter, Herzog Wilhelmus der Fünfte,

dessen Gemalin, die Herzogin Renata von Lothringen,

der Churprinz Maximilian,

dessen Gemalin Elisabeth von Lothringen,

des Kirchstifters Bruder, Herzog Ferdinand,

der Cardinal und Bischof zu Regensburg, Philippus, und

der Coadjutor des Erzbischofes und Churfürsten von
    Cöln, Ferdinand, Beide Söhne des Kirchstifters,

der andere Sohn desselben, Albertus,

des Kirchstifters Töchter, Maria Anna und Eleonora
    Magdalena, dessen Schwestern Maria Maximiliana
    und Maria, Wittwe des Erzherzogs Carl von Oestreich,

sämmtlich junger Herrschaft, als da war:

der Erzherzog Ferdinand, der später römischer Kaiser ward,

der Deutsch-Ordens-Großmeister Leopold,

der Bischof von Passau und Brixen, Carolus,

die fünf jungen Erzherzoginen, Marimiliana, Eleo=
nora, Margaretha, Constantia und Magdalena, weiters
der Landgraf von Leuchtenberg, Georg Ludwig und
noch viele andere hochansehnliche Herren und Frauen.

Die Predigt hielt der Cardinal Herzog Philipp, nach
der Einweihung war in allen Sälen, Gängen und im
Garten des Jesuitenklosters ein herrliches Traktament für
1700 Personen, am kommenden Freitag aber führten die
Jesuitenschüler an der Kirche, neunhundert an der Zahl,
eine ungemein erhebende Comödia auf, nemlich den Streit
des Erzengels Michael mit dem Teufels=Großfürsten Lucifer.
Die Musik dazu war vom neuernannten Chordirektor bei
St. Michael, seines Namens Georg Victorin, der im Com=
poniren für einen äußerst scharfen Kopf galt und es beim
Teufelssturz sonderlich bewährte. „Im Ganzen aber," schreibt
Einer, „bezauberten die rariſten Erfindungen und leb=
haftesten Vorstellungen, die schön gemahlten Scänen und
kunstreichen Maschinen, die kostbaristen Kleidungen, die An=
zahl und Geschicklichkeit der Actorum Sinn und Augen
derer Zuschauer so fast, daß ihnen die achtstündige Zeit,
denn so lang dauerte das Schauspil, allzukurz vorkame."

So viel von Einweihung der Kirche zu St. Michael.

Was nun die Gruft von St. Michael betrifft, so
liegen dort eine gute Zahl fürstlicher Personen; insonderheit
aber aus älteren Zeiten der Stifter Wilhelm V. und seine
Gemalin Renata von Lothringen — und sein Sohn, der große
Churfürst Maximilian mit seinen zwei Gemahlinnen Elisa=
beth von Lothringen und Anna von Oestreich.

Damit ist es aber nicht zu Ende.

Denn anbelangend das Jesuitenkloster selbst, geht die Sage:

„Es liege dort irgend in der Nähe einer Treppe ein großer Schatz verborgen, welchen die Jesuiten eingraben ließen, kurz eh' sie das Kloster verlassen mußten. Hierüber habe nem= lich ein Maurer, ehe er das Zeitliche segnete, ausgesagt, und es sei dabei klar und offen geworden: Man sei Nachts zu ihm gekommen, habe ihm die Augen verhüllt und ihn auf ver= schiedenen Wegen hin und her an einen Ort geführt, an welchem er mehrere Schränke und Kisten eingemauert habe, und zwar, wie aus Allem hervorgegangen sei, in der Nähe einer Treppe. Daß er sich aber im Jesuittenkloster befände, sei ihm beim Herausführen aus etlichen Dingen kund ge= worden, besonders aber dadurch, daß er mit seinem rechten Fuß an eine lockere Bodenplatte stieß. Er sei auch am nächsten Tage durch die Klostergänge gegangen und habe an einem voraus erwogenen Orte die lose Kelheimerplatte wirklich entdeckt. All dem und mehr Anderem zu Folge, sei ihm kein Zweifel geblieben, er habe aber geschwiegen — für's Erste, weil er den Patribus wohl geneigt und noch über= dieß, weil ihm für lange Zeit hinaus ein Schweigenseid abgenommen worden sei."

Weil nun Einer vor seinem Tode nicht leicht lügt, wird sich die Sache wohl richtig verhalten, und der Schatz noch immer im Kloster liegen. Es fragt sich nur, an welcher Stiege — und ist nur zu wünschen, daß ihn der Rechte möge finden — der könnte mit dem Schatz viel Ungemach erwinden.

Alte Residenz.

Wer die alte Residenz im Innern sah, muß wohl bekennen, sie sei ein wunderwürdiges Wahrzeichen alter Kunst und gediegenster Pracht aus den Zeiten Churfürst Max I., dann seines Enkels Max Emanuel und seines Urenkels Karl Albert oder Kaiser Karl des Siebenten.

Ueber diese Residenz, ihre Reichthümer und die, früher mit der Fürstenburg zusammengehörigen, Gebäude und Anlagen ist gar Vieles in Schrift und Abbildungen vorhanden, so daß es mir nicht schwer würde, davon in das Weite zu berichten und noch jetzt das freudigste Staunen an den Tag zu legen.

Es ist mir aber in Letzterem schon Einer Anno 1698 zuvorgekommen, nehmlich der Herr „Anthoni Wilhelm Ertel von Lebenburg, Ritter des Ordens St. Lazari in Jerusalem und Bethania, des heil. Römischen Reiches Immediat freyer Ritterschafft in Schwaben Raht und Gemeinschafftlicher Syndicus" — in der „Churbayrischen Atlantis," die noch gar Manche kennen und lesen.

Ich werde mich also wohl hüten, bessere Wärme und höheren Schwung zu bewähren, als dieser liebwerthe, biedere Mann, welcher von der Residenz und nächst auch von seinem Landesherren, Mar Emanuel, spricht, der, wie gesagt, die Residenz noch verschönerte.

Es ist also nur billig, daß, statt meiner Worte, die seinen folgen, indem sie selbst ein rechtes Wahrzeichen sind, um wie viel weiter man dazumal in der Verausgabung klassisch gemüthlicher Bewunderung war, als in unserer stylstolzen Zeit, die sich nicht genug Worte weiß.

Oder wo wäre denn heutzutage Jemand, der den Reichthum der Schatzkammer, allein in einer Sache, so schlagend vorrückte, ohne weitschweifig zu werden, wie es da heißt, betreffend die Perlen:

„Ich kunte allhier bey 500 Stuck lauter ungemein selzamer Kostbarkeiten erzählen, worüber männiglich die Augen in lauter Verwunderung schwimmen wurden, aber eine geheime Ursach thut den Rinnsaal meiner freyen Feder verstopffen. Soll mir genug seyn, zu melden, daß alle menschlichen fünf Sinn gnug beschäfftiget seyn bey demjenigen, welcher solchen Schatz zu sehen begnadet wird."

Desgleichen wo der ehrentapfere St. Lazari=Ordens=Ritter von dem Turnierhaus oder der alten Reitschule spricht, welche an der Stelle des jetzigen Bazars stand, lautend:

„Ist ein herrliches Gebäu, allwo der bayerische Rittermäßige Adel schöne Prob=Stück ihres hertzhaften Gemüts abzulegen pflegt. Und hat absonderlich unser siegprangender Emanuel an diesem Ort zum öfftern mit der spitzigen Lantzen und blanken Degen seine heroische Faust geprüfet, welche er hernach in dem unreinen Blut der Türkischen Hund und Mondsichtigen Bestien bei Wien, Gran, Neuhäusel, Waitzen und mehr Orten mit triumphirenden Helden=Muth gefärbet und seinen bayerischen Löwen mit lauter Lorbeer=Zweigen prächtig gekrönet hat."

Noch trefflicher bewährt sich der fürtreffliche Stylist in anderen Worten über den Churfürsten selbst, wie es da heißt:

„Was nun dieser Heldenmüthige Fürst bey Ent=setzung der von den blutdurstigen Türken hart beäng=stigten Stadt Wien, Eroberung der Haupt=Vestung Gran, und daselbst vorbeygangener Feld=Schlacht, kostbarer Bestürmung und Obsiegung der Vestung Neu=häusel, drey Jahr lang hindurch für herrliche Lorbeer=Zweig einer niemals genug gepriesenen Tapfferkeit, standhafftigsten Wachsamkeit und ungemeinen Glück=

7*

seligkeit erobert, solches wird die Nachwelt in mehr als tausend erlesenen Beschreibungen mit Erstaunen aufgezeichnet finden. Und weilen Emanuel anderst nichts ist, als Nobiscum Deus, so kan ich sicherlich meinem liebwerthen Vaterland den Trost geben, daß es mit Emanuel und in Emanuel und durch Ihn allen Beystand des Himmels, deß Glücks der Waffen und Siegs unfehlbar zu hoffen habe. Weilen auch Maximilian Emanuel nichts ist, als mit Verwechs-lung der Buchstaben Maximum Leuamen in alis, also bringet abermal die Folg, wie sicher und glückselig Bayern unter denen Flügeln dieses Chur=Fürstlichen Phoenix ruhen möge, als welcher aus dem glorwür-digsten Aschen Maximilian beß Ersten in Bayern — und aus den kostbarsten Tugendrauch seines Herrn Vaters Ferdinand Maria hervorgesproßen — — und seine (erste) Gemahlin Maria Antonia Josepha Bene-dicta Rosalia Petronella — ein wahres Ebenbild aller Gnaden und Tugenden, mit der Milch der Oester-reichischen Sanfftmuth und Blut der Spanischen Herr-lichkeit auferzogen, ein Spiegel aller anmuthigen Geister und ein recht lebhafter Granat=Apffel vieler hundert ausbündigster Gemüths=Zierden."

Das rothe Licht.

Jeder weiß, daß das Faustthürmlein am Sendlinger-Thore ein rechtes Münchner Wahrzeichen ist. An demselben zeigte sich aber früherhin noch etwas Anderes.

Das hing mit dem Scharfrichter zu München zusammen. Zu wissen:

Mit Absicht ward bei uns sicher Keiner vom Leben zum Tod gebracht, wenn er unschuldig war. Gleichwohl traf es ein oder das andere Mal im Lauf der Jahrhunderte zu, daß Einer auf's Hochgericht mußte, obwohl er nichts Böses gethan hatte — die Richter waren eben im Irrthum, und wie die Wege des Schicksals sonst noch wunderbar sind.

Wie dem nun sei, wenn Einer unschuldig starb, blieb es nie verborgen.

Denn da erglomm in der folgenden Mitternacht das Faust=Thürmlein in blutrothem Licht, und zugleich that es drei schwere Schläge, gleich wie mit einem Richtschwert, an des Scharfrichters Wohnung, welche früher innerhalb der Stadtmauer auf dem freien Platz unterm Thürmlein be= findlich war.

Wenn nun der Scharfrichter die drei Schläge hörte und die blutrothe Helle sah, ließ er sich nicht beifallen, die Thüre aufzuschließen und zu fragen, wer da klopfe und was es da mit dem rothen Lichte sei, denn der wußte von Urgroßvaters Zeiten oder noch weiter her, was die Sache zu bedeuten habe.

Das Nächste, was er that, war also nur, daß er so= gleich niederkniete, mit lauter Stimme ein Vaterunser und Ave=Maria um das andere betete, bis es ein Uhr von der innern Stadt herüber schlug, und mit dem Schlag ver= schwand und verlöschte auch das rothe Licht. Dann legte sich Jener wieder auf seinen Pfühl, konnte aber begreiflich nicht mehr schlafen, und am Morgen zeigte er beim Rath an, was heute Nacht vorgegangen sei. Auf das begaben sich die Leute sogleich in Kirchen und Kapellen, denn man glaubte nichts Anderes, als daß die drei Schläge und das rothe Licht ein Wahrzeichen für oder von dem unschuldig Verstorbenen gewesen sei, und so betete man eifrig für seine Seele und noch mehr dafür, daß der wirklich Schuldige entdeckt werde.

Dieß traf auch ein paar Mal ein. Das erste Mal mit einem Goldschmied unweit des schönen Thurmes, der heut zu Tage nicht mehr steht; das zweite Mal mit einer Dienstmagd, die ihr Stüblein zuhöchst in einem Hause, unweit der Dienersgasse, hatte. Die Beiden starben unschuldig, weil es schien, sie hätten sich kostbares Kleinod angeeignet, mittlerweile es eine Dohle und ein Rabe war, welche es entführt hatten — auf dem genannten Hause ist noch heute ein Rabe, oder wie Manche meinen, eine Krähe auf der Dachspitze zu sehen. Wie gesagt, da kam die Unschuld zwei Mal zu Tag. Was mit der Dohle und dem Raben geschehen sei, darüber verlautet zwar keine Kunde, aber wohl von ein paar anderen Fällen — dabei erlitten dann die wirklich Schuldigen die Strafe des Todes.

Das letzte Mal aber erging die ganze Sache, wie folgt, und sie soll vor ungefähr zweihundert Jahren stattgefunden haben:

Zu München lagen zwei Vettern über eine Erbschaft in Streit. Von diesem ward aller Orte viel gesprochen, bis zuletzt der Eine den Prozeß gewann, und der Andere leer ausging.

Als nun der Eine urplötzlich so viel Geld hatte, gab er es hoch und zechte und spielte in der Bürgertrinkstube, im Ammerthalerhof, oder in anderen Schenken, war vor dem Kehraus nicht vom Tisch zu bringen, und dann schwankte er gegen die Neuhausergasse heimzu, wenn ihn nicht ein Paar seiner Freunde führten; und wenn er dann des Weges durch die Eisenmannsgasse kam, in welcher sein Vetter wohnte, so höhnte und spottete er beinahe jedesmal, und seine Gesellen lachten und spotteten desgleichen.

Da er nun wieder einmal im Ammerthalerhof war, würfelte er mit zwei fremden Kaufherren und gewann ihnen viel Geld ab. Drauf schritt er in der Nacht allein heim= wärts, und da hörte man ihn an der Hausthüre seines Vetters wieder höhnen und lärmen. Das war man schon gewöhnt. Mit einemmal aber vernahm man etwa Anderes, denn da rief er offenbar um Hülfe.

Drauf machten sich die Leute da und dort an die Fenster. Etliche schlossen die Hausthüren auf und eilten hin= aus, und als sie hinkamen, fanden sie den reichen Vetter in seinem Blute liegen. Den armen Vetter aber sahen sie auch. Mit dem rang der Andere, der reiche, so schwach er auch schon war, und stöhnte ein über das andere Mal: „Hast du dich so an mir gerächt und mir zehn Goldgulden geraubt? Das kostet dir selbst das Leben, daß dich die Raben fressen!"

Da betheuerte der arme Vetter ihm und rastlos Allen ringsumher: Er sei, gleichwie sie, herausgekommen, sobald er den Ruf um Hülfe vernommen habe; da hab' er seinen Vetter im Dunklen angetroffen, wie er jetzt da liege, und er sei in der ersten Hast dem Thäter nachgeeilt — Der aber sei entflohen, und deshalb sei er wieder zurückgekehrt, um dem Vetter Hülfe zu leisten.

All das glaubte ihm weder der Vetter, der wenige Zeit darauf starb, noch sonst Jemand, sondern er wurde ergriffen und in den Falkenthurm geführt; weiters hob sich das Recht an, und als sich weder beim vermeinten Deliquenten selbst, noch auch in seinem Losament das geraubte Gold fand, ward seine Sache dadurch keineswegs besser. Denn da er selbst gesagt hatte, er sei vom Ort der That vorerst hinweggeeilt, um dem rechten Thäter nachzusetzen, so hielt man das nur für eine Ausflucht, und nahm an, er habe seinen Raub schnell in Sicherheit gebracht und sei erst dann wieder zurückgekehrt. In Kurzem, er ward der schrecklichen That schuldig erklärt, über nicht lange Zeit mußte er auf's Hochgericht und da betheuerte er seine Unschuld bis auf den letzten Augenblick, aber es glaubte ihm Niemand.

Als nun Mitternacht kam, und Meister Martin, der Scharfrichter, ohne alle Sorge schlief, that es urplötzlich einen Schlag auf seine Hausthüre, so daß er auffuhr und horchte; über eine Weile that es den zweiten und darauf den dritten Schlag, und als er zum Platz, zur Mauer und zum Faust-Thürmlein blickte, so glomm und glühte es rings und aufwärts ganz rothfeurig.

Da warf er sich sogleich auf die Kniee nieder, betete nach überkommenem Brauch, bis es Eins schlug und der rothe Schein verschwand, beschloß, in aller Frühe zum Bürgermeister und Oberrichter zu gehen und Anzeige zu thun, und legte sich vor der Hand nieder auf seinen Pfühl; er war aber zum Schlafen nimmer gemacht, wie in früheren Zeiten sein Ururgroßvater, dem war die Sache auch begegnet.

Da hörte er Schritte auf dem Platz draußen, die hielten an der Thüre an, und dann that es auf dieselbe einige Schläge und am Fensterladen desgleichen, und dazu vernahm er die Worte:

„Mach' auf, Meister Martin, mach' auf!"

Als er dieß hörte, dachte er: Die gefährliche Zeit ist vorbei, das ist kein Geist und Keiner von der anderen Welt, sondern Einer von dieser; wer weiß, was in der Stadt drin los ist! Dem zu Folge erhob er sich ganz rasch, warf sein Gewand um, riegelte die Thüre auf und fragte: „Wer da, und was giebt's?"

Da stand Einer vor ihm mit zerrauften Haaren und schier brennenden Blicken, und der sagte: „Was staunst du, kennst du mich nicht?"

Sagte der Scharfrichter: „Jetzt kenn' ich dich, du bist der Dolwein. Weshalb bist du so ganz verwirrt?"

Sagte der Andere: „Hast du das rothe Licht brennen gesehen und die drei Schläge auf deiner Thüre gehört?"

Sagte der Meister Martin: „Meiner Seel', das hab' ich gesehen und gehört, und Der, welchen ich gerichtet hab', der war unschuldig. Hast du's etwa auch geschaut und vernommen? Hab' Muth, Gott wird's wohl fügen, daß der Thäter zu Tag kommt!"

Versetzte Jener: „Das ist schon geschehen, und ich bin es selbst, des Ermordeten Zechgeselle. Ich hab' dem Einen den Tod gegeben und ihn ausgeraubt und bin fortaus und dem armen Vetter entronnen, der mich verfolgte. Da ist er zurück und ward ergriffen anstatt Meiner, und anstatt Meiner hast du ihn hingerichtet!"

Fragte der Scharfrichter: „Wo ist das Gold?"

Drauf Jener: „Da ist's, nimm's, und greif' auf mich und führ' mich zum Rath oder Gefängniß noch in dieser Nacht. Ich hab' keine Ruh' mehr, bis ich meinen gerechten Tod finde!"

Da konnte der Scharfrichter nicht mehr zweifeln und ließ den Dolwein für sich gehen und sagte, er wolle ihm auf eine Armeslänge folgen, weil er ihn vor dem Urtheil nicht anfassen dürfe. Damit war der Andere einverstanden und schritt vor ihm bis zur Thurmwache am Sendlinger= Thor, die rief der Meister Martin heraus und übergab ihr den Gesellen.

Da legten sie ihm Ketten an und führten ihn fort und stadteinwärts in den Falkenthurm; drin blieb er bis zum Morgen; nächst ward er vor Gericht geführt und die ganze Sache klar erwiesen, und über kurze Frist das Recht an Dem vollzogen, für welchen der arme Vetter vom Leben in den Tod gegangen war.

Der Affe an der Lorenzkirche.

Sankt Lorenzens Kirche war, wo jetzt das Münchner Rentamt steht, und oberhalb dieser Kirche war auf einem Thürmlein ein Affe zu sehen.

Dieser Affe war ganz genau das Conterfei desjenigen Affen, der Kaiser Ludwig den Bayern, als er noch in den Windeln lag, aus der Wiege geholt und sich damit auf das Kirchdach salvirt haben soll, als man ihm das Prinzlein wieder nehmen wollte.

Wohin das Steinbild gekommen, ist unbekannt.

Wenn es sich aber doch etwa wieder fände, wär' es recht; es käme sicher in das National=Museum, worin sich verschiedene vorzeitliche Gegenstände befinden, welche sich von der St. Lorenzkirche herschreiben.

St. Peter steht schief.

u St. Peter in München ist der Thurm kerzengerade; das wird Niemand widerstreiten. Daß es aber gleichwohl obenherum am Dach nicht ganz und gar richtig beschaffen sei, vielmehr ein ganz klein wenig schief, das leidet auch keinen Zweifel.

Nun glauben die Einen, es schreibe sich die Sache vom ungleichen Gewicht her, der Baumeister habe einen Fehler begangen, und so mehr, wie denn eben diejenigen Leute reden, welche ganz für die neue Zeit sind, von aller Sage und Unbegreiflichkeit nichts wissen wollen und Alles natür-

lich ausbeuten möchten, und wenn sie dann die Wahrheit
nicht mit Händen greifen können, nichts glauben. Andere
und Bessere sind nun freilich dagegen, erkennen an, daß
sich mit dem St. Peter Thurmbach etwas Wichtiges und
Verhängnißvolles zugetragen haben müsse, und haben auf
Verschiedenes gerathen.

Was aber ich in früher Jugend von einem uralten Manne,
der es selber als Kind schon vom Großvater gehört hatte,
vernahm, ist ungefähr dieß — wohl sagte er mir's kürzer oder
wie, aber es erzählt eben Jeder auf seine Weise. Nemlich:

Die Stadt München hatte von je viele herrliche
Gotteshäuser, und die Menschen waren großentheils überaus fromm, so daß man es hier zum „deutschen Rom"
nannte. Ueber das hatte alle Welt ihre Freude, dann und
wann Etliche ausgenommen, welche uns finster und raben-
schwarz nannten. Wer sich aber am Meisten ärgerte, der
war der „Gottseibeiuns" mit seiner ganzen Sippe. Der
hätte den lobseligen Münchnern längst gerne die Hälse ab-
gedreht, und weil er das nicht konnte, doch an Kirchen
und Kapellen Unheil angestiftet.

Vor allen heiligen Gebäuden grollte er aber der
Peterskirche. Denn von dieser ging zu München mehrtheils
die uralte, ganze Glaubenskraft aus, und die zwei Thürme,
welche früherhin aufragten, erschienen ihm gleich zwei Finger, welche die Stadt rastlos gen Himmel strecke und damit
Gott den Eid ewiger Treue schwöre. Weiters ärgerte ihn
das Glockengeläute unglaublich, und wenn die Kirchweih-
Fahne heraushing, war er wieder voll Groll und Gift.

In Kurzem, er konnt' es nimmer länger ertragen und nahm sich einmal vor, Ernst zu machen und die zwei Petersthürme zu vernichten. Drauf schickte er sich in einer Mitternacht an, that ein gräuliches Gewitter zusammen und warf ein Paar Blitze in die Thürme, daß sie sogleich lichterloh brannten. Dann that er noch etliche Streiche, bis sie über das Kirchbach weg, auf den St. Petersplatz und Markt hinüber, zusammenbrachen. Da gab es Graus und Verwüstung genug, denn das Getrümmer schlug mehrere Gebäude nieder, auch gingen, heißt es, etliche Menschen zu Grunde, ungerechnet den Thürmer, welchen sein Schicksal zuerst ereilte. Nächst wollte der „Gottseibeiuns" auch die Kirche selbst vernichten, konnte ihr aber keinen Schaden zufügen, denn sie war geweiht. Also brannte wohl der Dachstuhl ein wenig, wann der Blitz hineinfuhr, aber dann verlöschte das Feuer immer wieder. Auf dieß ließ der böse Feind von weiterem Toben ab und machte sich in Siegesfreude davon, denn mit den Thürmen hatte er seine höllische Lust doch zufrieden gestellt.

In München aber dachte Niemand, daß er schuld sei, sondern man hielt die Sache für eine Fügung des Himmels und etwa für ein Strafzeichen, weil man in der Frömmigkeit nachgelassen habe, obwohl sich dessen weder Rath noch Volk bewußt war, und die geistlichen Herren noch viel minder.

Drauf zog man in Erwägung, ob wieder zwei Thürme aufgerichtet werden sollten, oder nur einer, und auf das Letzte fiel der Beschluß.

Es wurde also ein Aufriß gemacht, auf welchem der kommende Thurm mit einem hohen, schönen Dach zu sehen war — unterhalb des Daches aber ein offener Gang mit eisernem Gitter rings um die vier Mauern.

Auf diesem Gange sollte künftig der Thürmer frei umhergehen, Alles weitaus und in der Nähe wohl in's Auge fassen können, wenn es etwa brennte, oder ein Feind gegen die Stadt anrücke; und zu sicheren Zeiten sollte er dann mit seinen Reben= oder Wechselmann und noch etlichen Anderen hinaustreten und nach allen vier Seiten der Stadt eine feine, heilige Weise hinausblasen, zu Freude und Auf= erbauung der löblich. christlichen Münchnerschaft.

Als nun der böse Feind merkte, daß Die zu München nur einen Thurm erbauten, gab er so gar viel nicht darauf.

Als er aber inne ward, was weiters da oben geschehen sollte, namentlich vermöge des Blasens, überkam ihn der Zorn auf's Neue, denn waren ihm die zwei Elbesfinger schon unlieb gewesen, so war ihm das hörbare Lob Gottes noch viel mehr zuwider.

Seiner Zeit nun der Thurm vollendet war, und eines Samstag Abends das heilige Blasen und Posauniren wirk= lich erscholl, anbei das ehrbare Volk ganz fromm, selig und andächtig zum Thurm hinaufschaute, beschloß er, den Thurm zu vernichten, wie er die zwei früheren vernichtet hatte.

Weiters nahte Mitternacht, der Himmel war ganz rein, der Mond schien klar und hell, und in der Stadt schlief Alles ohne Sorge.

Nächst schlug es zwölf Uhr, und darauf begann der Thürmer seinen Spähgang im Freien.

Da ward ihm gar sonderlich zu Muth.

Denn urplötzlich erhob sich ein Tosen und Sausen und ein Summen und arges Brausen, kurz es fuhr eine wilde Windsbraut auf den Petersthurm zu und sonst nirgendswo andershin, auch wurde es ganz finster, so daß der Thürmer Heinz auf böse Gewalt schloß. Da blieb ihm auch in Bälde kein Zweifel.

Denn bald hörte er Geschrei und Gelächter und vielfach gottlästerliche Ausrufe; drauf sah er viele Schreckgestalten, die auf den Thurm losdrückten und drängten, am nächsten bei sich aber sah er Einen, der konnte Niemand sein, als der leibhaftige, böse Feind selbst, und Der schien es auf ihn abgesehen zu haben, pfiff und griff auf ihn los und wollte ihn offenbar über das Geländer werfen.

Da eilte der Thürmer in sein Stüblein und riß das Crucifix von der Wand, kehrte im Schutze desselben wieder zurück und hinaus, hielt das Kreuz dem gar Anderen vor und rief:

„Was willst du? Ich fürcht' mich nit — weich' von hinnen vor'm Zeichen uns'res Herrn Christ!"

Auf die Bannworte fuhr der Teufel zurück, und der Sturmwind hielt eine Weile ein. Drauf erhob er sich um so viel mehr, die ganze Sippe drängt' und drückte oben und unten am Thurme, der Satanas aber drückte zumeist am Gitter, und so oft der Thürmer sein Kreuz erhob, ihm ein über das andere Mal damit auf sein schauerliches Haupt schlug und rief: „Ha du verfluchter Geist, ich banne dich weg" — eben so oft schrie der Teufel entgegen: „Und werd' ich noch zehnmal verfluchter, schlag' zu, so viel du willst! Zwo Thürme hab' ich Euch verblitzt und jetzt wird der eingeworfen, das kannst du ihnen sagen, daß ich's gethan hab'!"

Rief der Thürmer Heinz: „Ha du grundverfluchter, verruchter Geist, das soll dir nicht gelingen!"

Und der Teufel entgegen: „Ha du, wart' ich will dir's wohl zeigen und deinen grundfrommen Münchnern, Die sollen meine Macht spüren!"

Also ging's in Lüften hin und her inzwischen dem Thürmer und dem Satanas mitsammt seiner höllischen Sippe — und es merkte der Thürmer, daß der Thurm schon wanke, auch konnte er schier das Kreuz nimmer halten, weil ihm der Arm müde war — zuletzt that es einen Krach über ihm, als wolle das Thurmdach aus allen Fugen gehen, und Alles gab er für verloren.

Da schlug's urplötzlich Eins — und kaum hatte es das geschlagen, so erhob sich unsägliches Geschrei, und es drückt' und drängte am Thurmdach, bis der ganze Glockenton versummt war. Darauf sauste es mit Macht vom Thurm hinweg, es verschwanden alle Schreckgestalten, mit der ganzen Windsbraut war es zu Ende, die Finsterniß wich von dannen, der Himmel war rein und klar, der Mond stand hell in Lüften, der Thürmer Heinz aber fiel auf die Kniee und dankte Gott mit lautem Mund.

Früh Morgens kam dann sein Nebenmann, und Der konnte die Mähr' schier nicht glauben. Der Andere aber

eilte hinab, warf auf dem Weg zum Rathhaus Dem und
Jenem ein Wort zu, weckte den Pfarrer, dann den Bürger=
meister und etliche Rathsherren, viele Andere kamen auch noch
dazu. Die vernahmen sämmtlich des Thürmers Bericht,
staunten sämmtlich und wollten ihm so wenig glauben, wie
sein Nebenmann, weil Niemand das Geringste vernommen
hatte, bis sie dann im Hin= und Herstreiten hinaustraten
und sich vom Rathhaus weg auf den Marktplatz begaben.

Da stand schon viel Volk, dem die Sache zu Ohren
gekommen war, da sah Alles ganz verwundernd zum Thurm
hinauf, hoch droben beugte sich des Thürmers Nebenmann
über das Gitter und sah auch über sich, und als der Pfarrer,
der Bürgermeister, der Rathsdiener und die Schreiber alle
desgleichen hinaufschauten, waren sie auf das Höchste befrem=
det, denn das Thurmdach von St. Peter war gestern noch
ganz geradeauf gestanden — heute aber war es um ein
ziemlich Ersichtliches geneigt.

Da blieb auf's Weitere kein Zweifel, wie's mit den
zwei früheren Thürmen ergangen sei, denn der Heinz be=
richtete jedes Wort. — Nächst trösteten sich Alle mit Gottes
Schutz und Wohlgefallen, versahen sich weiteren Beistandes,
erkannten, es sei das da oben kein Wahrzeichen von des Him=
mels größtem Mißfallen, sondern vielmehr seiner Geneigtheit,
darob war männiglich hoch erfreut und bestärkte sich im
Entschluß ausdauerlichster Frömmigkeit.

Damit hielten sie auch Wort, weshalb seit dazumal
nichts Schlimmes mehr einbrach; und mit der Zeit setzte sich
sogar das Thurmdach wieder mehr — aber ganz doch nicht —

also hängt es oben noch immer ein ganz klein wenig über und ist ein Wahrzeichen, daß unsere Glaubenssache fest steht und ihr so leicht keine Gewalt völlig ankann.

*

Also war's Anno Sechzenhundert und elf,
Könnt' aber auch sein, Anno zwölf.

Erker im alten Hof.

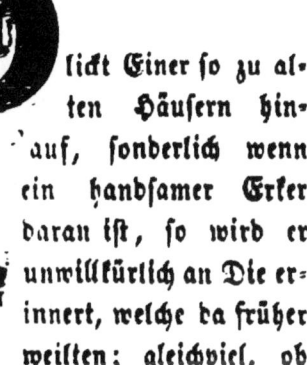

Blickt Einer so zu al-
ten Häusern hin-
auf, sonderlich wenn
ein handsamer Erker
daran ist, so wird er
unwillkürlich an Die er-
innert, welche da früher
weilten; gleichviel, ob
er da von Namen und Weiterem Bericht habe.

So viel ist einmal doch gewiß, daß da oben Freud' und Leid
waltete, wie es eben heut' zu Tage noch ist und in allen Zeiten
der Fall sein wird im Wechsel des Geschickes dieser Welt.

Aber weil eben der Gedanke, daß die Alle mit den oft
gar wichtigen Einzeln-Ereignissen ihres Jahrhunderts versun-
ten sind, der Betrachtung noch einen besonderen Hintergrund

verleiht, so bleibt das Auge oft viel länger haften, als an Gebäuden unserer Tage. Das irdische „aus und nimmer da" so vieler Menschen wirkt also an sich bedeutend genug; nun erst, wenn Die, welche da oben waren, geschichtlich bekannt sind, in der Welt eine hohe Stellung einnahmen und gleichwohl viel Bitteres zu oft. wenig Süßem erleben mußten, bis sie ihre gesetzte Aufgabe gelöst hatten und zur Ruhe eingehen durften.

Ein solches Haus mit einem solchen Erker, bei welchen gar oft das Letzte eintraf, ist zu München der alte Hof oder die Ludwigsburg. Diese ward vom Herzog Ludwig dem Strengen begonnen und dann vom Kaiser Ludwig dem Bayern, seinem Sohne, ganz weit und groß gebaut.

Daß der Theil mit dem Erker zuerst aufgerichtet wurde, mag wohl außer Zweifel sein. Was nun den letzt= genannten, mit seiner Spitze nach oben und unten, anbelangt, so galt er schon in ältesten Zeiten für ein schönes Wahr= zeichen, und so wohl früherhin Niemand gen München kam, der sich nicht den Grabstein Kaiser Ludwigs des Bayern in der l. Fr. Kirche angeschaut hätte, eben so wenig versäumten die aus Nähe oder Ferne Kommenden, in die Ludwigsburg zu gehen und sich das besagte Thürmchen zu betrachten, davon es hieß: „Was strebt rastlos auf zum Himmel — und will dannoch immer zur Erde — und also fast es fliegt, seind ihm doch die Flügel gebunden — also was ist das?"

Nun hab' ich da keine Absicht, viel von der Geschichte alter Zeiten vorzuführen; aber im Kurzen muß ich dennoch andeuten, wer ungefähr da in jenem Erker, gleich im ersten

Gaben oder weiter oben, in früheren Jahrhunderten etwa allein, oder mit Anderen gesessen, gesprochen oder herabgeschaut habe in den Burghof; es mochte auch manche zierliche Arbeit daselbst geschaffen, oder in mancher alten Chronik, Legende oder dergleichen gelesen worden sein.

Da weilte also wohl zuerst Herzog Ludwig der Strenge selbst, wahrscheinlich auch schon die unglückselige Maria von Brabant, seine erste Gemahlin, die er am 18. Jänner Ao. D. 1256 zu Donauwörth in seiner ungerechten Eifersucht hinrichten ließ. Von seiner zweiten Gemahlin Anna von Schlesien ist es noch viel wahrscheinlicher, ganz gewiß aber von seiner dritten, der Mechtildis, Kaiser Rudolphs von Habsburg Tochter. Nächst verbrachten die Söhne und Töchter desselben Ludwig ihre Jugend in der Burg, so weit sie gebaut war.

Möglicherweise also schon der eine Sohn Ludwig, welcher bei einem Turnier zu Nürnberg Ao. 1290 von einem Grafen Crato von Hohenlohe durch einen Lanzenstoß vom Leben zum Tode gebracht wurde; jedenfalls aber der Rudolph, welcher später, nach vielen Zerwürfnissen mit seinem Bruder Ludwig, Bayern verließ und in der Fremde starb — dann dieser Letztere, — desgleichen die Mechtilde, welche nach Lüneburg, die Anna, welche nach Sachsen heirathete und noch eine Andere, deren Namen man nicht mehr genau weiß, aber wohl so viel, daß sie in's Kloster ging — nach Ulm.

Alle diese recht merkenswerthen Fürstenpersonen waren wohl dann und wann im fraglichen Erker, sahen hinab in den Burghof, wo die Wehrleute rauschten, die Hofdiener

hin und her eilten, die Grafen und Ritteröleute durch's
Thor an der Burggaffe, oder drüben von den Barfüßern
her einritten — wenn etwa die Rathsherrn daherkamen, oder die
Stadtrichter in der und jenen Angelegenheit — Bischöfe, Aebte
und tüchtige Mönche fehlten zeitweise wohl auch nicht — nebenbei lief ein oder der andere Hofnarr dahin — die Prinzen und
die jungen Edelleute mochten auch ihre Körperübungen und
unblutigen Zweikämpfe im Hof abmachen, wobei die fürstlichen Eltern oben zuschauten — und wenn geradeüber von St.
Lorenz, oder vom Barfüßerkloster das Geläute klang, zu
Mittags oder zum „alten Abendfegen", da hielten dann die im
Erker Befindlichen wohl mit Gespräch, Lesen oder Arbeit
der Nadel in Sammt und Seide ein und beteten fleißig,
allein oder insgesammt. Denkt einmal — und manches
Mal fand sich da oben auch ein Minnefänger ein, der da
alte Kunde sang.

Nun nehmt erst die folgende Zeit an, als der genannte
Ludwig deutscher Kaifer ward. Der Edle lehnte oder faß wohl
auch zeitweise in demfelben Erker — freudigen Gemüthes in den
wenigen glücklichen Stunden feines Lebens, finnend in feinen
fo vielen ernsten, tief bedeutfamen und gefahrvollen. Wenn
das Letzte der Fall war, da fehlte wohl manchmal an feiner
Seite die fanfte Beatrix von Schlefien, feine erste Gemahlin,
nicht, auf daß fie ihm Troft zuflüstere — etwa kam auch ein und
das andere feiner Kinder dazu und fchmiegte fich fchmeichelnd
an, die Mechtilde, der Ludwig, Stephan und die Agnes.

Mit feiner zweiten Gemahlin, Margarethe von Holland und Seeland und ihren vielen Kindern der Reihe und

der Zeit nach ist es begreiflich eben so gewesen — nemlich
mit Ludwig, der zu Rom geboren ward und später viel
erlebte, mit dem Wilhelm, der Statthalter in Holland wurde
und später selber in traurigsten Irrsinn verfiel, weiters mit
dem Albert, dem in der kommenden Theilung Straubing
anheimfiel, dann mit dem Otto, welcher Markgraf und
Churfürst von Brandenburg wurde, nächst mit den Töch=
tern Margaretha und Elisabeth, und einer ganz klei=
nen Prinzessin, der Anna, welche übrigens nur drei Jahre
alt wurde, auf einer Reise der hochfürstlichen Eltern starb
und im Kloster Castell begraben liegt.

Als nun der edle Kaiser Ludwig 1347 am eilften
Oktober in der Gegend des Klosters Fürstenfeld, welches
sein Vater bekanntlich zu einiger Sühne für seine schreck=
liche That an der Maria von Brabant gestiftet hatte, raschen
Todes gestorben war, kamen viele Ereignisse und Schicksals=
wechsel und es befand sich der und jener andere Fürst in
jenem Erker, sonderlich wohl auch seiner Zeit der unruhige
Herzog Ludwig der Gebartete von Ingolstadt, welcher seinen
fürstlichen Vettern, wie Ihr wißt, die Stadt München abwen=
dig machte, bis sie dennoch wieder an das Regiment kamen,
nemlich die beiden Herzoge Ernst und der Wilhelmus.

Dieselben, welche ihn später beim heutigen Blutenburg
und weiterhin in jener Schlacht schlugen und in die Flucht
trieben — bis dann wieder seiner Zeit der Herzog Al=
bert III. in den Erker trat, mit der Anna von Braun=
schweig, die er etliche Weile nach dem traurigen Untergang
seiner vielgeliebten Agnes Bernauer zur Gemahlin ange=

nommen hatte — und dann und wann waren ja wohl wie=
der die Kinder der Anna dabei. Darunter sonderlich der
Johannes, welcher an der bösen Luft starb, als der Lind=
wurm nach München geflogen kam, der Sigmund, wel=
cher später die große lieb Frauenkirche baute, und, als er
vom Regiment abließ, im Schlößlein zu Blutenburg ein
ehrbar lustsames Leben führte, dann deren Schwester die
Margarethe, welche nach Mantua heirathete, der Bruder
Albrecht, welcher später der Weise genannt wurde — der
starke Herzog Christoph, welcher so viel stritt und erlebte,
bis er zu Rhodus starb — der Wolfgang, der nach Al=
brechts Tod drei Jahre lang Land Bayern administrirte und
die holde Barbara, welche in jungen Jahren Klosterfrau
zu St. Jacob am Anger in München wurde.

Nun nehmt zu all Dem an, welch treffliche Gelehrte,
Meister der damaligen Kunst in der Malerei und Bild=
hauerei da die Treppe am Thürmlein hinaufschritten und
daselbst wohl auch gelegentlich mit den Fürsten über wich=
tige Dinge traktirten oder Aufträge besprachen — gar nicht
gerechnet, welche treffliche Heerführer wohl da gestanden
und etwa einen Blick in den Burghof herabgeworfen
haben, angefangen von ganz alten Zeiten Kaiser Ludwigs —
nur des heldenmäßigen Seyfried Schweppermann zu
erwähnen — bis auf Albrecht den Weisen — so meine
ich, es ließe sich bei dem bewußten Erker denn doch
genug denken, und ein noch viel größeres Wahrzeichen in
ihm erkennen, als wozu ihn die alten Zeiten machten, ob
auch bei gleichen Betrachtungen.

Nemlich alle Jene merkenswerthen Fürsten und Für=
stinnen sind dem ewigen Gesetze verfallen, und sie liegen unter
der Erde, wie alle Anderen von dazumal; dahin deutet die
untere Spitze des Erkerthürmleins — ihre Seelen aber hof=
fen wir, sind zum Himmel geläutert und in seligen Räu=
men. Ihr Leben selbst betreffend, ist der Sinn wieder so:

Sie wären oft mit ihren Entwürfen höher geflogen, aber
die Flügel waren ihnen dennoch im Irdischen gebunden — so
ist es auch mit der festen Mauer, daran der Erker em=
porstrebt.

Mit dem Allen habt Ihr nun einigen Deut, an was
und wen Alle man denken, und wie da gut träumen ist, wenn
man zu jenem Erker aufblickt.

Von der diebischen Elster, von den gesunkenen Händen, vom St. Lorenzer-Kaiserstein, vom Barth Heinrich, vom Gustav-Adolphstein und der Mariensäule u. A.

Es geht jetzt immer tiefer in die Wahr= und Denkzeichen der Stadt München hin= ein, und ich will Euch hier wieder einiges Merksame andeuten.

So vormerkt die Elster auf dem Haus vom Theaterplatz auf die Die= nersgasse zu, daß dort eine Dienstmaid lebte, welche in Verdacht kam, sie habe Geschmeide entwendet. Sie wurde dann verurtheilt und mußte den Tod erleiden, weil

Alles gegen sie sprach. Später zeigte sich dann, daß eine Elster das Gold entführt und im Gebälke des Daches eines Nachbarhauses verborgen habe. Da ward freilich großes Bedauern wach, aber die Maid blieb todt, und zum Andenken ließ man den Vogel im Conterfei auf die Dachspitze über dem Stüblein derselben setzen.

Auf den L. Frauen Dom komme ich später in's Weitere. Doch hier Eines: Nemlich es wird dort ein Bild bewahrt, worauf eine Menge Leute beten und die Hände gefaltet und erhoben haben; eine Frauensperson ausgenommen.

Von diesem Bilde gehen verschiedene Sagen, doch laufen sie fast alle auf Eines hinaus — nemlich auf ein Testament, mit dem es nicht richtig beschaffen war, und wobei die fragliche Frau im Spiel gewesen sei. Da hieß es nun einerseits: Die Verwandten hätten gemeinschaftlich gebetet, und mit einem Male habe es der Frau die Hände mit überirdischer Gewalt niedergedrückt — eine andere Kunde aber sagt: Es sei zuerst wohl der Verdacht vorhanden gewesen, darauf hätte sich die Frau kühn unter die für den Verstorbenen Betenden gemischt, und da sei weiter nichts begegnet.

Man habe sich deshalb vom Verdacht abgewendet, und als das Bild zum Gedächtniß der Todtenfeier gemalt ward, auch die Frau mitaufnehmen lassen, welche die Hände gleich allen Anderen gefaltet hielt.

Wie man nun das gemeinte Bild aufhängte und sich alle Dargestellten einfanden — unter ihnen auch die Frau, um es zu besehen — soll sie gesagt haben: „Ich weiß wohl, daß Ihr mich schwerer Schuld gezeiht habt, aber ich will

Euch vergeben, daß Ihr logt, und das habt Ihr, so wahr mir Gott die Hände niedergeschlagen hätte, wenn dem so wäre, wie Ihr meintet." Kaum hatte sie, geht die Sage, diese Worte gesprochen, als die Anderen, welche verlegen zum Bilde schauten, urplötzlich eine Verwandlung sahen, und die war, heißt es, keine andere, als daß die gefalteten Hände der Frau, statt aufwärts, abwärts gerichtet waren.

Ueber dieß Wunder sei sie dermaßen erschrocken, daß sie zuerst sprachlos wurde, dann schwer erkrankte und vor ihrem Tode bekannte, daß sie ihren großen Erbtheil erschlichen habe.

Nun mag Jeder glauben, was von Beiden ihm richtig scheint.

Wieder ein anderes Wahrzeichen ist das Kaiser-Stein-bild, welches vor Zeiten in der St. Lorenzkirche am alten Hof und, nachdem es lange dem Blick entzogen war, in den Pfarrhof u. l. Frau kam, da wieder wenig brachtet wurde, bis es in das bayerische Nationalmuseum verbracht wurde. Dieß Steinbild stellt die zweite Gemahlin Kaiser Ludwigs des Bayern, Margaretha, vor, wie sie die Kirche von St. Lorenz hält, nächst daran die hell. Jungfrau Maria mit dem Jesukinde sitzt, während gegen diese Beiden zu der Kaiser kniet, die Hände im Gebet gar demuthsvoll erhoben.

Das Grabmal, vielmehr das Haupt des alten Patriziers Heinrich Barth im Glockenhaus der St. Peterskirche ist uns Münchnern auch zu einer Art Wahrzeichen geworden, sonderlich der sagenhaften, überaus großen Frömmigkeit

Seiner und seiner vier Söhne, welche Alle zusammen den hl. drei Königs-Altar stifteten.

Mehrere andere Bilder an den Häusern der, früher reich bemalten, Stadt waren oft eindringliche Familien=Mahn= zeichen der Vorzeit an die Nachwelt, wurden aber leider auch fast Alle übertüncht, zumal etliche, welche sich am al= ten Schrannenplatz befanden.

Was die noch heute zu Tage angemalten drei Kronen betrifft, so ist ihr Sinn und Grund noch nicht genau her= gestellt. Die Einen halten sie für das Zeichen einer großen Fremden-Herberge, die Anderen sagen, es hätten da verschie= dene Gesandte einen Aufenthalt gehabt. Auf dem Schran= nenplatz ist übrigens eine Gedenktafel, die verkündet, es habe Anno 1632 Gustaph Adolph von Schweden eine Nacht im treffenden Hause zugebracht.

Außerdem wird vom Marktplatz vorerst nichts mehr in Betracht gezogen, ausgenommen das prächtige Denkmal wel= ches Churfürst Mar I. Anno 1638 errichten ließ, zum Dank, daß München von Einäscherung und zu großem, anderem Mißgeschick durch die Schweden im damaligen, schrecklichen Krieg frei blieb.

Das Denkmal ist die Mariensäule.

Wenn der Mar dabei nur an das nicht geschehene Böse dachte, übte er fromme Pflicht Aber es gab noch viele Prüfungen, und es kam noch gar viel schauerliches Unheil. Zwar über München nicht — das stand unter Gottes ganz besonderem Schutz — aber über Land Bayern im Ganzen.

Wie dem auch sei, wenn der Gustavus jetzt wieder käme, sähe, daß sich die eine und die andere Religionsparthei ganz wohl verträgt, aber Die doch noch da ist, welche er nicht wollte, und wenn er da so aus dem Fenster schaute, wie wohl dazumal, so möchte er sich beim Anblick der Mariensäule doch einige deutsame Gedanken machen.

Ein recht merkenswerthes Bild war bis Anfangs dieses Jahrhunderts das am früheren Kloster-Ettaler Haus, an der Ecke der Fürstenfelder Gasse.

Selbes bezog sich auf die Sage: Daß Kaiser Ludwig der Bayer, als er sich in Italien in großen Geldverlegenheiten befand, in einer Kirche von einem Engel, andere meinen vom hl. Benedict, angesprochen und mit gutem Trost in seinem Anliegen begabt wurde, wenn er einen sicheren Herren, der zu ihm kommen werde, Freiheit für sich und sein Gebiet verleihe, vor Allem aber verspreche, an einem gewissen Ort in Bayern, zur Ehre Gottes und der Jungfrau Maria, Kloster und Kirche zu bauen.

Da der Kaiser dieß versprochen, habe ihn Jener ein alabasternes Mutter Gottesbild verehrt und sei dann verschwunden. Der Herr aber sei gekommen und habe dem Kaiser eine große Summe Geldes gegeben, durch die der Kaiser von aller Sorge frei ward und Italien verlassen konnte. Besagtes Kloster stiftete er dann nach mancher Schwierigkeit, weil ihm der bestimmte Ort nicht bekannt werden wollte, bis ihm ein unbekannter Jäger denselben — der Ort lautete Ampferang — wies. Dieß Ampferang war ein großer Bergwald im Ettiko Thal, und dieß Thal hatte

seinen Namen von einem stolzen Welfenfürsten Ethiko, welcher über seinen Sohn zürnte, weil dieser sämmtliche Erbgüter
an die Herrschaft der Carolinger gab, um sie als Lehen,
ob auch vergrößert, zurückzunehmen; in diesem Groll verließ
der alte Herr die laute Welt und zog sich in die Oede der
Berge zurück. Das ist die Ueberlieferung. Die aus vielen
Gründen sehr sinnreiche und noch manches Andere von Ettal
betreffende Meinung eines Gelehrten ist die, der Kaiser
habe das E=tal als das Thal des Gelöbnisses, der Ver-
heißung und des neuen Bundes benannt.

Dem sei nun, wie da wolle, Kloster Ettal ward erbaut,
der Kaiser hielt weiters Hof in seiner Ludwigsburg; als
die durch Brand theilweise verwüstet wurde, zog er in das
ihm gehörige Haus an der Ecke der Fürstenfeldergasse, blieb
da bis die Burg wieder hergestellt war, zog dann wieder
in dieselbe und schenkte jenes Haus dem Kloster, wovon es
seinen Namen bekam — der damalige Abt aber ließ, zu Erinnerung und Dank, ein Gemälde auf demselben anbringen,
welches darstellte, wie der Kaiser das, seiner Zeit der Kloster=
kirche geschenkte Mutter Gottesbild von dem ihm erschienenen
hl. Benedict empfing.

So war es mit dem Ettaler Haus und Bild. Schade, daß
Letzteres zu Anfangs dieses Jahrhunderts auch verschwinden
mußte — nun sind nur noch etliche zu München, wenn sie
die nur nicht auch noch vertünchen!

———— •••• ————

St. Cajetans Gotteshaus.

it ein und
der ande=
ren Kirche
Münchens
ist es so,
daß sie ihre Entstehung frommen Gelübten verdankt. Des=
gleichen ist es auch mit der St. Cajetans= oder Theatiner=
kirche, die somit ein erhabenes Wahrzeichen bildet.

Der Hergang ist dieser.

Der große Churfürst Max I. erkor seinem Churprinzen
Ferdinand Maria eine Braut, die Adelheid Henriette,
Tochter des Herzogs von Savoyen, Victor Amadäus, welche
dem Prinzen, ihrem Bildniß zu Folge, so wohl gefiel, daß
er ohne Weiteres und voll Freude ja sagte. Darauf ging

Anno 1650 im Oktober eine glänzende Gesandtschaft ab, die Werbung ward angenommen, und am 11. Dezember die Trauung durch Procuration im Dom zu Turin vollzogen. Die wirkliche mit dem Churprinzen selbst unterblieb aber noch einige Zeit, bis dann nach dem Tod Maximilians, Anno 1652, die Adelheid mit großem Begleit aus ihrer Heimat in's Bayerland und nach München kam, am 22. Juny ihren Einzug hielt und am 25. mit dem neuen Churfürsten wirklich copulirt wurde.

Was da schon vorher und nach der Trauung prachtvolle Feste stattfanden, davon ließe sich allein ein kleines Buch schreiben, vielleicht sogar ein großes, sowohl wegen dessen, was da an Lustbarkeiten vorkam, als der Personen wegen, welche beiwohnten. Nächst fiel in Reichsangelegenheiten Manches vor, worüber auch wieder langer Bericht möglich wäre, und zwar ein recht lehrreicher und bunter; sonderlich auch, weil nach des deutschen Kaisers Ferdinand III. Tod der Ferdinand Maria von Bayern und der Churfürst von der Pfalz, Carl Ludwig, wegen des Reichs-Vicariates hinter einander kamen, und dergleichen mehr — davon will aber hier nicht die Rede sein, weil es sich nicht um das deutsche Reich, sondern um die Theatinerkirche in München handelt.

Kurz was da eintreffen und geschehen mochte, es schlug dem Churfürst Ferdinand Maria recht zu Gunst, Ehren und allen Wünschen aus.

Nur ein Wunsch ward vom Himmel immer noch nicht erfüllt.

9 *

Dieser Wunsch betraf den Segen der Ehe, von welchem sich immer nichts zeigte, und es verlangte ihn nach einem Thronfolger. Nun hatte sich die Abelheib schon in Italien einen Patron unter den Heiligen gewählt, nemlich den Sanct Cajetan, einen geborenen Grafen von Thiene, welcher sich um die Wiederherstellung und Verbesserung des Ordens der Theatiner gar hohe Verdienste erwarb.

Diese Theatiner führten ihren Namen von der Stadt Theate oder Chiati im Neapolitanischen, wo sie ihren Ursprung durch Papst Paul IV. gewonnen hatten.

Kurz die Abelheib rieth ihrem Gemahl, sich dem St. Cajetan zu verloben, seinen Orden in München einzuführen und zu einem schönen Kloster eine prächtige Kirche zu errichten.

Als der Churfürst Ferdinand Maria das Gelübde gethan hatte, währte es nicht gar zu lange, so ward er schon mit einer kleinen Prinzessin beglückt; aber so vortrefflich das war, er hätte eben gerne einen Prinzen gehabt. Wie sich nun die Abelheib wieder nach einiger Zeit weiteren Segens versah, war sie ihrer Sache so heilig sicher, daß sie zum Ferdinand sagte, sein Wunsch werde ohne allen Zweifel von Gott erfüllt, und er möge nur wegen des Klosters und der Kirche das Nöthige fügen und an den Theatiner=General Augustinus Bozomo schreiben, daß er einige Kleriker Ordensleute und Layen gen München sende.

Das geschah, und siehe da, noch ehe der Grundstein zu Kirche und Kloster gelegt wurde, gewann der Ferdinand Maria einen kleinen Churprinzen, den Max Emanuel, ber in späteren Zeiten nicht so gern ruhig frieblich war, wie sein erlauchter Vater.

Fraglicher Grunbstein wurbe aber am 29. April 16 68 gelegt.

Weil in biesem Buch gar so wenig Gelehrtes steht, will ich boch etwas Lateinisches hereinseßen, nemlich bas, was auf eine golbenen Tafel gravirt unb in ben Grunb= stein gelegt wurbe, lautenb:

Auspice. D. O. M.
In honorem S. Adelaidis Imperatricis
et Divi Cajetani Thienaei
FERDINANDUS MARIA ELECTOR
Utr. Bavar. Dux etc.
et
Henrietta Maria Adelais
Princeps Regalis Sabaudiae
Ejus Uxor
Ecclesiam hanc cum adjuncta Domo
Patribus Clericis Regularibus
fundaverunt
Et primum lapidem posuerunt
Anno orbe redempto
MDCLXIII
Die XXIX Aprilis.

Also wurbe bann vom welschen Architekten Augustin Barella, ber bie Sache zu leiten hatte, fromm tapfer fort und fort gebaut. Das Kloster selbst war über nicht gar zu lange fertig, die Kirche aber wurde Anno 1675 am 11. July vom Freisinger Weihbischof Johannes Kühner eingeweiht.

In derselben fehlt es auch nicht an besonderen Einzelheiten von gutem Belang, als an einer lauretanischen Kapelle, an einer hl. Grabkapelle, nebstdem wurde eine heilige Stiege nach der zu Rom errichtet.

Ich würde diese prächtige und doch in Vielem so herztraute Kirche gerne auf's Nähere schildern, es würde aber zu viel; zumal hat schon wieder jener Andere, der früher genannte St. Lazarus Ritter und Syndicus Anthoni Wilhelmus Ertel in seiner besagten, bayerischen Atlantis das Beste weggenommen, wie er unter Anderem schrieb:

„Sie hat auf jeder Seiten drei kleine Thürn mit Fenstern über denen Capellen, und in Mitte der Kirchen schwingt sich hoch in die Lufft eine über alle massen annehmliche und hellscheinende Cupola mit den feinisten Bildern und Früchten aus Gips. Es seynd in der ganzen Kirchen Altäre, alle von denen vortrefflichsten Künstlern abgeschildert, allwo des berühmten Sandrarts Pensel, neben andern welschen Kunst Stucken, scheinbar hervorglänzet."

Von der Churfürstin Adelheid, ihrem Orden und Anderem werdet Ihr später allerlei lesen.

Weil nun bei anderen Kirchen angedeutet ist, wer in den Grüften begraben liege, so mag das bei der unter der Theatinerkirche gleichfalls geschehen.

Zuerst wurden ein Töchterlein und Söhnlein der Stif=
ter zur Ruhe gelegt; dann Ao. 1667 den 18. März die
Adelheid von Savoyen, später Ao. 1679 den 26. Mai
der Churfürst Ferdinand Maria.

Deren älteste Tochter, Maria Anna Christina
Victoria, die nach Frankreich heirathete, liegt zu Sct.
Denis in den Königsgräbern unweit von Paris — aber
der berühmte erste Sohn, Max Emanuel, wurde
nach langen Kämpfen, Hoffnungen und Enttäuschungen in
jener Gruft zu München beigesetzt.

Obiit Ao. 1726 d. 27. Februar zwischen 7 und 8 Uhr.

Seine erste Gemahlin war Kaiser Leopolds Tochter Maria
Antonia Josepha Benedicta Rosalia Petronella.
Diese starb zu Wien und ist dort begraben. Ein Sohn
aus dieser Ehe, Prinz Joseph, welcher außerdem noch
viele Namen hatte, liegt zu Brüssel begraben. Es ist der=
selbe, welcher zum Erben der spanischen Monarchie einge=
setzt war. Des Churfürsten Max Emanuel zweite, schöne Ge=
mahlin, Theresia Kunegunda Sobieska von Polen,
starb auch anderwärts, zu Venedig. Ein paar der Kinder
ruhen in der Gruft zu München, die Anderen nicht, wie der
Phillipp Moritz Maria Dominikus Joseph,
welcher zu Rom starb, er hätte Bischof werden sollen —
und Clemens August, welcher Churfürst zu Cöln ward,
Dieser ruht im Dom dortselbst.

Dem Max Emanuel folgte dann sein Sohn Carl
Albrecht, als deutscher Kaiser Carl VII. Bei ihm ruht
seine Gemahlin Maria Amalia, Kaiser Josephs Tochter.

Dann folgte der vielgeliebte Churfürst Max III., mit welchem Ao. 1777 die Ludwig'sche Linie Bayerns ausstarb und die Nachkommen Rudolph's, des Bruders Kaiser Ludwigs an das Regiment kamen.

Da war der Erste der Churfürst Carl Theodor.

Dann folgte der spätere König Max Joseph I., bei dessen Namen allen Bayern in süßer Rührung das Auge feucht wird. — —

Die Hungerglocke am Theatinerkloster und die Theatiner Uhr.

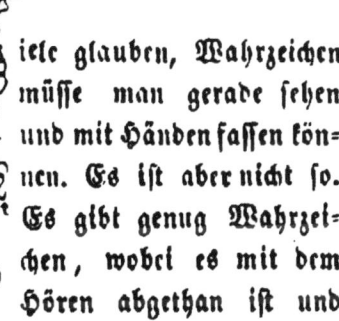

iele glauben, Wahrzeichen müſſe man gerade ſehen und mit Händen faſſen kön=nen. Es iſt aber nicht ſo. Es gibt genug Wahrzei=chen, wobei es mit dem Hören abgethan iſt und Jeder weiß, woran er iſt, und was er thun ſoll — er thut es aber doch nicht immer.

Schlimm genug.

Ich frage nur, wie es mit dem Gebet beim Mittag- und Ave Maria=Läuten ſteht?

Nun bei den Mehreren waltet doch noch guter Sinn, und ich will also da von weiterer Heidenpredig ablassen, obwohl ich ganz guten Muth dazu hätte und vor der ganzen Welt keine Scheue trüge, wenn sie auch nein sagte, und so will ich denn von einem anderen Geläute berichten.

Das heißt — von der Cajetaner Hunger=Glocke.

Mit derselben Cajetaner Hungerglocke ist es aber so beschaffen:

Wie Ihr wißt, berief der Churfürst Ferdinand Maria die Theatiner Mönche nach München. Diese hatten zur sonderlichen Verordnung von Seite ihres Ordensverbesserers, daß sie von Almosen leben sollten, sie durften aber zugleich nicht etwa betteln, sondern mußten warten, bis ihnen durch des Himmels Fügung Nahrung zufließe, und nur falls diese Nahrung gar zu lange ausbliebe, und fruchtlos drei Tage verflössen, waren sie berechtigt, eine gewiße Glocke zu ziehen und die Welt draußen auf ihren üblen Zustand aufmerksam zu machen.

Das war sicher nicht mehr, als gerecht und billig, denn gar nichts mehr haben, geht bei aller Enthaltsamkeit denn doch ein wenig zu weit.

Wie fest nun die Theatiner entschlossen waren, ihre Armuth zu bewähren, so sicher verließen sie sich für den Fall der Noth auf die eigens gegossene Hungerglocke, hatten jedoch, von Anfang bis lange Zeit hinaus, keine Ursache, sich derselben zu bedienen, weil der fürstliche Stifter des

Klofters und seine Nachfolger dafür sorgten, daß ihnen stets das Nothwendigste zukam.

Das ward zu einer solchen Gewohnheit, daß die anderen Leute zu München minder und minder daran dachten, sich gleichfalls mildthätig zu beweisen, weil sie dachten, die frommen Theatiner hätten insoweit doch zu leben.

Wie nun das so war und sich kein Mensch böser Dinge versah, hörte man im Jahr 1727 am St. Peterstag mit einemmal eine Glocke, die man noch nie gehört hatte, und die läutete nicht etwa so lange, wie andere Glocken, sondern sie kam fast gar nicht mehr zu Ende.

Da gab es also kein kleines Zusammenstehen und Gerede, bis man darauf kam, daß das ganze heftige und helle Geläute von der Cajetaner Hungerglocke herrühre, und als es endlich doch nachließ und es dann nur noch ein paar Mal anschlug, glaubten Einige, es sei dem Laienbruder-Glöckner etwa gar schon die letzte Kraft ausgegangen, so daß er nicht einmal mehr recht am Glockenstrang ziehen könne.

Auf dieß machte sich Jedermann auf und beeilte sich, den Theatinern Hülfe zu bringen; gab es also in Kurzem Brod, Hühner, Früchte, Kälbern und Fische, Gerstensaft und was sonst den Durst stillt, in Menge — weil Holz zum Kochen gehört, ermangelte es an derlei Beisteuer auch nicht — die Churfürstliche Hofküche that es ohnedieß allen Andern zuvor, und so wurden die Theatiner nicht nur augenblicklich aus ihrer besperaten Lage gerettet, sondern sie konnten sich für ein paar Wochen sichern, was sie mit Dank erkannten.

Es hatte sich aber das ganze besperate Wesen daher ge= schrieben: Daß der eine Hofkoch K o r n e t, wie manchmal, Glie= derreißen bekommen, sich deshalb zu Bette gelegt und über sei= nen Dolores vergessen hatte, seinen Substituten H e i n s l e r jun= aufmerksam zu machen, daß die regelmäßige Frist gewohnter Unterstützung der Theatiner schon wieder abgelaufen sei. Er soll sich auch später im Kloster auf alle Weise entschul= digt haben, worauf man ihm antwortete: „Es habe nichts zu sagen, und wenn die Gefahr anfangs auch wirklich groß gewesen sei, weil man da ansonst gewiß nicht geläutet hätte, so sei die ganze Angelegenheit herodann und schließ= lich doch viel besser ausgefallen, als man sich hätte träu= men lassen künden."

So war es das einemal; fünfzehn Jahre später kam die Sache noch einmal vor. Später aber nicht mehr, und es war auch nicht von Nöthen, denn aller guten Dinge sind Drei, aber das Hungerleiden ist nicht dabei, also sind zwei Mal schon hinreichend.

Wenn es nun mit der Hungerglocke gewiß seine volle Richtigkeit hatte, so will ich eben nicht behaupten, daß es mit der Theatiner=Uhr und dem, was man davon sagt, gerade eben so richtig und unfehlbar beschaffen sei, ob es auch etwa das eine oder das andere Mal der Zufall fügte.

Man sagt aber, daß dem Bayerischen Fürstenhaus in allernächster Zeit ein Trauerfall bevorstehe, wenn die Thea= tiner Uhr ablaufe.

Wie dem auch sei, ich hörte sie Zeitlebens schon mehr=
mals ablaufen, es ist aber deßhalb doch so bald nichts
eingetroffen, was dem Regentenhaus und dem Lande Trauer
verursacht hätte.

Uebrigens ging schon viel früher die Sage, es sei
eine böse Vorbedeutung, wenn die Frauenthurm Uhr zu
oft hintereinander schlage.

Kann sein, oder kann nicht sein, ich lasse mich da auf
nichts Weiteres ein.

Türkenfahne und Zelt im T. Frauen-Dom, Türkengraben und Cardinalshut in Lüften.

Erstere zwei Wahr- und Denkzeichen stammen aus den Siegeszeiten des Churfürsten Mar Emanuels in Ungarn und gegen die Türken.

Die Fahne hängt im Dom jeder Zeit vor Augen; das Zelt, oder vielmehr die Spitze desselben, ist bei der Frohnleichnams-Prozession zu sehen.

Da wird sie mitgetragen.

Aus jenen Siegeszeiten stammt auch der tiefe und sehr lange Graben ausserhalb Münchens, durch welchen

welchen Churfürst Mar Emanuel einen Kanal nach München leiten wollte und sich hiezu einer großen Zahl gefangener Türken bediente.

Weiters hing im Chor des l. Frauen-Domes bis vor ein paar Jahren ein geistliches Wahrzeichen herab — nemlich ein Cardinalshut. Die Veranlassung gab der Cardinal Melchior Clessel, seinerzeitiger Bischof von Wien, welchen die Meisten für einen Bürgerssohn aus München halten. Dieser eben sowohl als geistlicher Fürst und Priester, wie als Staatsmann gleich ausgezeichnete, viel geprüfte Clesselius kam nach München, erwies den Reliquien des heiligen Benno seine Ehrfurcht und hinterließ, außer vielem Werthvollen an Kirchenschmuck, das besagte Erinnerungs-Zeichen.

Als man sich mit der Dom-Restauration beschäftigte, mußte der Hut weichen und befindet sich bis auf Weiteres in der Sakristei.

Von gar vielen merkenswerthen, anderen Dingen im l. Frauen-Dome werdet Ihr später lesen.

Von Geiſtern und Erſcheinungen zu München.

alls den Leuten
Geiſter erſchei=
nen, oder wenn
deren Einwir=
kung nicht zu
läugnen iſt, ſo
gilt das ganz
gewiß für kein kleines Wahrzeichen, daß die andere Welt
mit der irdiſchen in Verbindung ſtehe.

Deshalb komme ich auf diejenigen Geiſter und Er=
ſcheinungen in München zu reden, und zwar allen Ern=
ſtes, wenn es auch manchem gar ſo überaus Aufgeklärten
nicht angenehm ſein ſollte, das iſt mir ganz gleich.

Im Thal zu München ſteht die hl. Geiſtkirche.

Die hieß alleranfangs Katharinen-Kapelle und Herzog Ludwig der Kelheimer errichtete daran das Pilgerhaus, daraus dann sein Sohn Otto ein großes Spital baute.

Nun war unweit dahinter der Kirchhof. Auf diesem soll es um Mitternacht von St. Johannes ganz und gar nicht geheuer gewesen sein, weil sich die Gräber aufthaten, und jene Pilgrime und Spitaler einen Umzug hielten, „welche sich wiederspänstig und undankbar bewiesen und ehender gegessen und getrunken hätten, als daß sie zum Psalter griffen und beteten." Soll noch heute, von der Westenrieder-straße auf das Haus mit dem Bilde zu, nicht ganz richtig beschaffen sein.

Wenn man durch das Stadtgericht, gegen die Frauenkirche zu, im Gang hinausschreitet, sieht man durch die Fenster zur Rechten in den uralten Augustinergarten und den Kreuzgang gerade über, und man ist diesseits selbst im andern Theil desselben — er ist nur verändert, wie der drüben.

Von jenem Gärtlein geht auch manche sonderliche Kunde.

Nur Eines, was mir in früher Jugend mehrere Leute erzählten, die gewiß glaubwürdig waren, namentlich ein alter Mann, dessen Vater in's Spiel kam.

Also dieser, sein Vater, sagte er, sei ein Wundarzt gewesen und habe oft in's Augustinerkloster gemußt. Das sei wieder einmal, mitten in der Nacht, zugetroffen, weil einem etwas vollleibigen, frommen Pater plötzlich das Blut so stark zum Kopfe stieg, daß eine Aderläße verordnet wurde. Wie nun selbiger Vater und Wundarzt in den unteren Klostergang geschritten sei, habe er zu der, sonderbarer Weise

offenen Thüre, welche zum Gärtlein führt, geschaut, und
da sei ein schon längst verstorbener Augustiner hereinzu-
gestanden und der habe gesagt: „Bitt für mich —" und
sei dann wieder verschwunden.

Ueber dieß sei natürlich der Wundarzt, sein Vater,
nicht wenig erschrecken, so daß er zwar dem besagten Kranken zur Ader lassen konnte, hinterher aber das kalte Fie-
ber bekam, das er in die drei Monate nicht mehr vertreiben konnte. Gleichwohl habe er die Bitte des Augustiner-
geistes erfüllt und er sei dann noch oft und zu allen Zeiten an jener Thüre vorüber gekommen, sie sei aber stets ver-
schlossen gewesen, und ihm weiters nichts begegnet, denn
sein frommes Gebet sei ohne Zweifel anerkannt worden.

Von der Herzog Marburg weiß ich auch noch aus
meinen jüngsten Jahren Bericht.

In dieser Burg soll die Churfürstin Marianne, aber
ganz mild und freundlich, umgehen. Troß dieser Güte
ergriff indeß doch Jeden, der sie etwa zu sehen bekam, ein
Schrecken, und als einmal zur Winterszeit eine Schildwache
die Flucht ergriff, fiel diese im kleinen Hof draußen ganz ohnmächtig in den hohen Schnee und blieb in diesem Schnee
bis an den anderen Morgen liegen, um welche Zeit sie längst
gänzlich eingeschneit war. Da wußte die Wache, welche Nachts
zum Ablösen kam und keine Schildwache sah, gar nicht, was
das bedeuten solle. Es ward Lärm gemacht und Alles
ausgesucht, doch das war vergebens; die Thorwache sagte
auch, es sei Niemand hinaus gegangen oder gelaufen —
in Kurzem die Sache blieb auf das Aeußerste räthselhaft, bis

gegen Morgen. Da ging der Schnee durch das Hin= und
Herlaufen dort und da weg, und man sah zwei Beine her=
ausragen, worauf man bald die ganze Schildwache fand.

Zum Glück war sie noch am Leben.

Es soll aber nicht viel gefehlt haben, so wäre sie total
erfroren, und das wäre eben keine Kleinigkeit gewesen, denn
diese Schildwache war nicht allein Kriegsmann, sondern auch
Familienvater mit ehelichem Gespons und zwei lebendigen
Kindern, welche also den größten Schaden erlitten hätten.

Begreiflich hatten Diese die größte Freude, als sie hör=
ten, daß die Gefahr vorüber sei.

Die Leute, welche daher kamen, zeigten sich auch so
theilnahmsvoll, daß in kürzester Frist Geld beisammen war,
um es dem Kriegsmann zu ermöglichen, einen nachhaltigen,
warmen Morgenimbiß und ein Glas Wein zu trinken.

Die Kapuziner, deren Klösterlein ausserhalb der Burg
stand, kamen aber noch zuvor, führten ihn fort und ließen
ihm Alles Gute angedeihen, worauf er zwar nicht noch
einmal eine Suppe, aber öfter als dreimal noch um ein
Glas Braunes bat, weil es ihn doch noch da oder dort
friere, bis ihm dann endlich wieder ganz behaglich und warm
war — worauf er Dank sagte, hinaus ging, den Leuten
draußen noch Manches von seinen eigenthümlichen, anfäng=
lichen Empfindungen erzählte, während er im Schnee ge=
legen sei, und sich dann mit seiner Frau und zwei Kindern un=
ter großem Begleit fortbegab und das besagte Geld mitnahm.

Dieser Mann soll Johannes Steindl geheißen, und
die Sache anfangs der neunziger Jahre stattgefunden haben.

Daß es im großen, linken Eckhaus am Schlecker=
gäßlein noch vor wenigen Jahren bedeutend geklopft
habe, ist so bekannt, daß darüber gar nicht zu berichten ist.
Jetzt klopft es freilich nicht mehr, aber wer weiß, was das
war, ich will da nichts behaupten.

Aber daß im Eckhaus der Burggasse nächst dem
Rathhaus noch jetzt Einer zeitweise um die Mitternachts=
stunde in weißem Gewand und mit kahlem Haupt herab=
schaue, ist außer allem Zweifel. Selbiger Geist ist der des
bösen Advofaten Doctor Calomälus, der seine Perücke im
Starnberger See verlor, als er die Leute hintereinander
gebracht hatte. Die ganze Sache und Angelegenheit dessel=
ben ist in meiner „guten alten Zeit" ganz wohl verzeichnet.

Um die Ecke herum am griechischen Markt stand der
Jungfernthurm.

In dem soll es früher auch nicht geheuer gewesen
sein, und zu gewissen Zeiten von unten herauf geklagt und
mit Ketten gerasselt haben. Dabei soll, falls man sich in
der Gegend verirrte, mehrmals eine gewisse Gestalt mit
einem großen, dreieckigen Hut und Haarzopf gesehen worden
sein, welche die Hände rang und dann wieder verschwand.

Ohne Zweifel trug derselbe Geist schwere Schuld an
mancher Gefangenschaft, wo nicht gar an Mehr.

Im rechten Frauenthurm soll es übrigens auch
nicht ganz richtig stehen, und manchesmal ein gar absonderli=
ches Krächzen und Hauchen und Geschnaufe sein. Da
meinen dann Manche, es seien das Nachteulen, oder wer

weiß, was sonst. Mag sein; könnte aber doch sein, daß es auch keine Nachteulen wären.

Nächst soll es im bürgerlichen Zeughause nicht ganz richtig sein, sintemal sich ein und die andere Rüstung ihrer Zeit schon bedeutend gerührt habe — und in der alten Ludwigsburg oder dem alten Hof soll es auch in früherer Zeit auf dem großen Speicher in Kisten und altem Eisenwerk gewirthschaftet haben, und so mehr.

Nun will ich gerade nicht behaupten, daß der ewige Jude ein Gespenst sei, denn allen alten Nachrichten zu Folge erschien er mancher Orten in Deutschland in leiblich sicht= und greifbarer Gestalt. Aber in die diesseitige Welt gehört er denn doch auch nicht, weil er eigentlich schon lange todt sein soll, wenn es ihm der Himmel erlaubte, zu sterben.

Vielleicht ist er es wirklich, denn seit Anfang des vorigen Jahrhunderts hat man weder draußen im Reich, noch hier etwas Weiteres von ihm vernommen.

Wie immer, dazumal Ao. 1702 kam er von der Salzburgerstraße her an den Gasteig und wollte nach München herein. Man erlaubte es ihm aber nicht. Da beschied er sich damit in Demuth, sagte den vielen Menschen, welche sich um ihn sammelten, das Christusbild auf dem Hügel drüben sei das wahre Conterfei des Heilands, betete lange auf der Bank davor, beschenkte darauf Groß und Klein mit Perlen und kleinen Rosenkränzen und hob sich dann wieder von dannen.

Eine andere ominöse Person war die Klagemutter von Augsburg, die ihr böses Wesen zu München trieb.

Es ist der Sache auf die und jene Weise nachgeforscht worden, und es meinte Jeder etwas Anderes. So viel aber soll gewiß sein, daß die Klagemutter einer reichen Bürgersfrau von München, welche zu Augsburg in die Wochen kam, ihr Kind austauschte und ein anderes beilegte; das sei aufgekommen, die Frau aus Gram gestorben, und das eine und andere Kind auch. Ueber dieß Alles sei der Fluch Gottes über die Räuberin ergangen, so daß auch sie bald aus dem Leben mußte, ohne letzte Wegzehrung schied und keine Ruhe im Grabe fand, sondern fort und fort bis München zog, und da an mehr Orten vernehmbar wurde, wo ein Kind in Gefahr war und seinem Tode entgegen ging.

Ich will aber nun von solchen düsteren Erscheinungen bald abbrechen, und nur noch Einer erwähnen, von welcher ich aus meiner Jugend her ganz gewisse Nachricht habe. — Sie betrifft die Arch Noah, den damaligen Wirthsgarten in der ehrbaren Wurzerstraße.

Zu diesem, uns Allen noch wohl bekannten, Wirthsgarten mit seinen großen Bäumen ging es jederzeit von der einen Seite die kleine Treppe hinab, und wenn man sein Braunes eingenommen hatte, wieder denselben Weg oder auf der anderen Seite über eine kleine Treppe hinauf, dem Hofgarten zu — und zwar gar oft mit etwas schwererem Haupte, als womit man sich eingefunden hatte.

Besonders waren die churfürstlichen Leibhartschiere in fraglichem Garten zu finden, wenn sie ihren Dienst in der Residenz abgemacht hatten, und sie sollen sich, wie in der Diensttreue, auch in Betreff der Arche Noah sehr bewährt haben.

Nun ward einmal verabredet, daß sie einem Mithart=
schier, Namens Eberhard Häcker, den Vorabend seines Na=
menstages feiern wollten, und dabei sollte der Häcker frei
gehalten werden. Ueber dieß verstrichen zwei Wochen, und
ehe die gesetzte Zeit ganz herankam, starb der zu Feiernde.

Wie nun seine Freunde und Genossen zusammenkamen
und in der Arch Noa ganz trübselig ihr Braunes hinunter
tranken, und es immer später wurde, sagte Einer: „Es
sei freilich recht traurig, daß ihr lieber Mitgesell seine
Feier nicht mehr erlebt habe. Aber dafür sei er jetzt alles
Wachedienstes und sonst irdischer Beschwernisse überhoben und
sicher ihrer Liebe eingedenk; deshalb schlage er vor, obwohl
es schon schier über die Zeit gehe, sämmtlich noch einmal
einschenken zu lassen und ihm, dem Verstorbenen, einen
Ehrentrunk zu trinken."

Damit waren alle anderen Hartschiere und Genossen
einverstanden, obschon sie sich mehrtheils schon erhoben und
die hochgeschweiften Hüte auf die mit ernsten Haarzöpfen
gezierten Häupter gesetzt hatten.

Als nun wieder eingeschenkt war, Alle anstießen, zur
Ehre des Verstorbenen die Stutzgläser bis auf Weniges
im Stehen leerten, und dann der vorige Hartschier und
Redner sagte: „Das sollte der edle, verstorbene Freund mit=
erlebt haben, Dem hätt' es auch wohl gemundet —" worauf
dann Alle zunickten und allgemeines Schweigen herrschte —
da hörte man zweimal tief aufseufzen und zwar aus der
Höhe von der Wurzerstraße her.

Natürlich erschracken die Hartschiere insgesammt nicht

wenig und wandten sich nach der Gegend der kleinen Treppe, und als sie hinaufschauten — sahen sie ihren verstorbenen Freund, wie er geleibt und gelebt hatte, oben auf der ersten Treppenstufe stehen, wie er wehmüthig auf sie Alle herab= sah. Hierauf erhob er die rechte Hand langsam, grüßte mit derselben herab und seufzte zum dritten Male, worauf er sich dann allmählig in eine Art Licht auflöste — und nach und nach verschwand. Wie zu erwarten, hatte das Alles auf die lebendigen Hartschiere eine solche Wirkung, daß sie eine Zeitlang wie versteinert dastanden und, obwohl die Meisten den Weg über die Wurzerstraßen=Stiege gehabt hätten, später nicht diese, sondern die andere gegen den Hofgarten zu wählten, um die Heimkehr auf einem Umwege anzutreten.

Die, welche das in den Neunziger Jahren erlebt haben, machten natürlich kein Geheimniß daraus, also kam die Sache herum; den sehr alt gewordenen Wendelin, welcher bedient hatte, habe ich in jüngeren Jahren selbst noch gesprochen, und er verwarf alle meine Einreden, weil er nicht läugnen könne, was er mit eigenen Augen gesehen habe. Darüber fragte ich noch weiter nach, auch bei einem sicheren Hart= schier, welcher den Häcker gekannt hatte, und der sagte: „Er selbst sei unwohl und nicht dabei gewesen, aber daß die Sache ihre Richtigkeit habe, sei nicht nur unstreitbar, was die Neun= ziger Jahre betreffe — sondern derselbe Hartschier, sein Freund, sei später nochmals gesehen worden, und zwar in seiner Gegenwart, also sei da wohl kein Zweifel.

Das ist also von der Arch Noah.

Nun noch Eines das Letzte, das betrifft den Münchener Stadt-Engel.

Ueber Diesen ließ ich, zur Zeit wir den siebenhundert=jährigen Bestand der Stadt München feierten, eine eigene Geschrift ausgehen, des Namens „Münchner Geister," wor=aus Jeder deutlich und klar entnehmen konnte, daß ich ihn selbst gesehen und gesprochen habe, halb im Traum, halb im Wachen.

Sollte nun Einer da sein, der die Geschrift doch noch nicht gelesen hätte, so will ich ihm in Kurzem vermelden, wer und was es mit dem Geist sei.

Für's Erste ist er ein guter Geist und schön von Antlitz. Wenn etwas Gutes geschieht, hat er die größte Freude, er begleitet die Frommen, räumt ihnen in allen Dingen ihres tugendlichen Lebens die zu großen Hindernisse weg und läßt vorsorglich Manches zur rechten Zeit so ein=treffen, daß der harte Sinn anderer Menschen sich für einige und gerade die rechte Zeit milbert, und so mehr. Dient er nun den Guten so viel als möglich durch glückliche Verhäng=ung, so regt er ihnen auch nützliche Gedanken an, und zu Namensfesten und auf Weihnachten sollen Die, welche etwas Geschenktes im Haus finden, nur nicht lange rathen, von wem es komme — denn es ist entweder vom Stadt=Engel selbst, oder von einem Anderen, dem er die Liebesthat ein=flüsterte.

Andererseits ist er aber auch wieder um so strenger, denn er thut den Schlimmen allen möglichen Schabernack an, führt sie auf die weitesten Umwege, damit sie die Zeit ihrer bösen

Unternehmungen verpassen, oder er weiß es zu machen, daß die Personen und Gegenstände, um die es sich handelt, nicht da sind — und so gäbe es gar Vieles zu erzählen, besonders was seine List betrifft, damit sich die Bösen in ihrem eigenen Netz fangen. Hinwieder ist er aber auch voll Erbarmen für die Gefallenen; denn wenn Einer eingesperrt und ganz wirren Sinnes ist, findet sich der Stadt=Engel unsichtbar ein, oder sichtbar in irgend einer guten Gestalt, und flüstert dem Gefangenen zu, sich zu bessern und zu trösten.

Hingegen ist er auch oft wieder ganz streng, wo er nemlich rechte Verstocktheit bemerkt und wirft dem Bösewicht alles Mögliche vor die Füße, wenn der Reißaus nehmen will, so daß man Desselben, trotz aller seiner List und Eile, habhaft wird; und wenn ihn bedünkt, es verletze Einer Vertrauen, Zucht und Sitte — sonderlich faßt er auch die Horcher — so vergißt er seine Milde schon gar und versetzt dem Schelm etwa einen Schlag in's Antlitz, daß er dessen wohl eingedenk ist — das ist ein böses Wahrzeichen höherer Gerechtigkeit. —

Im Ganzen wußte man sich aber früher ganz bestimmte und höchst merkwürdige Fälle zu sagen, wo Niemand Anderer, als der Stadt=Engel die Hand im Spiele hatte.

So war er es, der früher einer geschwätzigen Maid das böse Zünglein mit einemmal wie ein Rädel laufen ließ, daß es surr surrrr ging, bis die Maid bitter bereute; da dann das Zünglein wieder allmählig nachließ und still stand.

Als zu Zeiten Herzog Sigmund's Einer in rechter Bedrängniß war und sich nicht in die Burg wagte, weil ihm ein Kammerdiener bittergram war, so daß nichts Gutes zu erwarten stand, gab er zuletzt alle Hoffnung auf und ging eines Abends ganz verzweifelt in Wind und Schneegestöber. Nächst war's ihm, als sage Einer: Tritt in die Halle da!" Das that er, und bald trat noch Einer ein; und wie Der mit ihm redete, zeigte sich, daß es der Herzog sei. Da sagte ihm Jener sein Leid, fand alsbald Gehör, der Kammerdiener ward noch denselben Abends tapfer ausgescholten und mußte ihm das Geld bringen, das der Herzog bewilligte. All' das hatte der Stadt=Engel veranlaßt.

Als vor Zeiten Hans Steininger, der weise und tapfere Braunauer Rathsherr, mit seinem berühmten Bart bis auf die Zehen herab, gen München in die Neuveste kam — sein Bildniß hängt an einer Treppe der Residenz, — und einem hübschen Kammerkätzlein nachschaute, obschon er eine tapfere Ehefrau hatte, stolperte er über seinen Bart, und es fehlte wenig, so wär' er über etliche Stufen hinabgefallen.

Daran war der Stadt=Engel schuld.

Eben so war es in der Burggasse am Sonneneck beim Schneeberg. Als da der Zahnarzt Naras am besagten Schneeberg vor uralten Zeiten in seiner Ungeduld grollte: „Herr Gott, gibt's denn jetzt gar Keinen mehr, dem ein Zahn weh thut!" fuhr es ihm plötzlich selbst in's Zahnwerk.

Das war eine Strafe des Stadt=Engels.

Desgleichen war er es, der die buckelichten Schneider der Herzoge Wilhelm und Ferdinand hintereinander brachte, den Merlin und den Kimmerle, die sich aus Eifersucht grimmig haßten, und eines Tages gar in der Hofburg auf Degen foderten, dafür sie in ein und dasselbe Gefängniß eingesperrt wurden. Da kamen sie dann furchtbar aneinander und bearbeiteten sich ihre Rücken arg, wofür sie jedesmal einen Tag länger eingesperrt blieben, bis sie sich zuletzt versöhnten und auf's Weitere noch gute Freunde wurden.

Den Aerzten spielte er auch Schabernack, sonderlich dem Doctor Golzius im Thal mit seinem Magenweh, weil Der Alles aß, was er seinen Kranken verbot, und drob zu spotten wagte. Das erstemal sei's gewesen durch einen großen Fisch, den ihm Herzog Wilhelm IV. schickte, das anderes Mal mit einem Hammelbraten. Da soll es ihm beide Male schauerlich im Magen gedrückt haben — und so mehr.

Kurz, vor dem Stadt-Engel war keine sonderliche Sicherheit und ist es noch jetzt nicht; er späht Alles aus.

Drum mag sich Jeder in Acht nehmen, denn er sei noch so vermessen — mit dem Stadtengel ist nit gut Kirschen essen.

St. Benno.

Jst ein ganz besondrs heilig-persönliches Wahrzeichen, denn Jeder weiß, daß er der bayerische Landespatron ist.

Wie es mit diesem vortrefflichen Bischof von Meißen in ganz alten Zeiten auf das Nähere beschaffen gewesen sei, darüber findet Jeder Bescheid in meinem „Plauder-Stüblein." Sonderlich aber auch, wie feierlich Ao. D. 1576 des Benno Reliquien nach München kamen, und wie es schon vorher mit denselben in wunderbar bewegtem Wechsel der Dinge und Schicksale erging, so daß man dem Heiligen nirgends volle Ruhe im Grabe ließ, seine Gebeine mochten sein, wo immer.

Es sei hier noch nebenbei bemerkt: daß die Reliquien
des heiligen Bischofes Benno nach ihrer Ankunft vier Jahre
lang in der herzoglichen Burgkapelle bewahrt und dann erst
in Unser Lieb Frauen Dom verbracht wurden, wo man
ihnen einen eigenen Altar errichtete und des Heiligen wahre
Inful, sein Pluviale, seinen Bischofstab — letzte drei Gegenstände werden in der Sakristei verwahrt — und ein
Bild mit Darstellung aller von ihm ausgeübten Wunder
findet; — ausserdem die steinernen Bildnisse zweier Prinzen,
Ignatius Wolfgang und **Hieronimus**, welche sich
zu ihm verlobten und dadurch von Krankheit genasen; —
schließlich sei das Benno-Brünnlein angedeutet, welches
sich ausserhalb der Kirche an der Sakristei befindet und
mit seinem Wasser für manches Augenleiden sehr heilsam
sein soll.

Von allerlei anderen Wahr-, Merk- und Denkzeichen.

Hinge es vom Wol-len ab, so möchte ich nun gern von den Monumenten verhan-deln, welche als Zeug-nisse der Liebe und Verehrung Land Bayerns auf den verschiedenen Plätzen stehen.

Aber es gebricht an Raum; zudem können sie Niemand in Sinn und Bedeutung entgehen.

Viele andere Dinge können aber das wohl — des-halb will ich auf Verschiedenes und im verschiedensten Sinn aufmerksam machen und jeder Zeit das Nöthige zum besse-ren Verständnisse beifügen.

Nun muß ich aber sogleich wegen des Ersten, wovon

verhandelt wird, zum Voraus kurz bemerken, daß viele Leute
nicht recht wissen, was denn ursprünglich die Handwerks=
Standarten bei den Umgängen, besonders bei der Fron=
leichnams=Prozession zu bedeuten haben.

Dieß ist aber so.

In früheren Zeiten rückten die Meister der Handwerke
und ihre Gesellen zum Vortheil der Stadt oder der Her=
zoge in's Feld, und es hatte jeder Haufe sein Fähnlein.
Als nun später der Kriegsdienst nach Aussen den eigent=
lichen Wehrleuten überlassen wurde, wollten die Bürger der
früher bewiesenen Tapferkeit und Ordnung der Dinge nicht
uneingedenk bleiben, auch der Nachwelt davon Zeugniß
geben, und so veränderten sie allgemach die Fähnlein in
große Fahnen und Standarten und setzten zum Bilde eines
Heiligen und zum Namen des Handwerkes die oder jene
Auszeichnung, welche ihnen die Herzoge, oder gar der Kai=
ser verliehen hatten.

Es sei nun hier zuerst der Standarte der Tuch=
macher Erwähnung gethan, besonders auch des alten
Schlachtschwertes und der Hellebarden, welche bei der Fron=
leichnams = Prozession mitgetragen werden. Diese letzten
schreiben sich noch vom Jahr 1422 her und wurden, wie
sich von selbst versteht, nebst noch viel mehr anderen, den
Kriegsleuten Herzogs Ludwig des Gebarteten abgenom=
men, als er München überfallen wollte, und es beim heu=
tigen Blutenburg zur Schlacht kam. Eine andere Nachricht
ließe sich so auslegen, daß gerade dieß Schwert und diese
zwei Hellebarden den Mannen des Ludwig schon viel früher,

nemlich zur Zeit des bösen Bürgermeisters und des Ein=
zuges des bösen Vetters durch das Angerthor, im Zwinger
entrissen worden seien, und zwar von den Tuchmachern, welche
den wahren Herzogen Treue gehalten. Dieß will mir aber des=
wegen nicht recht in den Sinn, weil der herzogliche Vetter
ein solches Vorgehen wohl nicht unbestraft gelassen hätte und
darüber nirgends eine, auch nur leise, Nachricht vorkömmt;
abgesehen davon, daß in dem Vielen, was nachher geschah,
die Waffenstücke gewiß der Vergessenheit anheim gefallen
wären.

Ich bleibe also bei der deutlichen Nachricht, daß sich das
Tuchmacherschwert und die Hellebarden von der Schlacht bei
Blutenburg herschreiben, wie die Tuchmacher andrerseits das
vom Kaiser Siegmund erwirkte Recht, den Reichsadler zu
führen, als Belohnung von den Herzogen erhielten, welchen
sie in der Schlacht bei Blutenburg, Alling und Hoßlach
bedeutende Dienste erwiesen hatten, besonders weil sie dem
Herzog Ernst halfen seinen Sohn Albrecht aus der
Gewalt der Feinde zu befreien.

Das Recht, zwar nicht den Reichsadler, aber das
Münchener Stadtwappen im Banner zu führen, hatten sich
andere Zünste, zumal die ehrsamen Schuhmacher, schon
früher errungen.

Das schreibt sich von Ao. 1295 her, zur Zeit der
spätere römische Kaiser Ludwig der Bayer unmündig war
und zu Wien am kaiserlichen Hofe erzogen wurde, sein
älterer Bruder Rudolph aber zu München lebte.

Zu selber Zeit entstand eine große Fehde zwischen

dlesem Rudolph und dem Bischof von Augsburg Wolfart.
Denn der Letztere hatte ein auf dem Kaltenberg am
Parfluß erbautes Schloß niedergerissen, dagegen dann der
Rudolph seinen Feldobristen Conrad von Haltenberg
ausschickte, welcher das Schloß Margarethen oder Mer=
gethen einnahm. Das wollten die Augsburger wieder
erobern, was ihnen aber nicht gelang. Drauf ging es an
ein Brennen und Sengen im Bayerischen und hinwieder
Schwäbischen. Im Kampf bei Mergethen aber, wo die
Bayerischen mit den Augsburgern vor dem Schlosse fochten,
gingen alle Fähnlein zu Grunde; denn obwohl sich die Bayri=
schen im Schloß drin hielten, und ausserhalb demselben den
Feind zurückdrängten, so hatten sie doch zuerst viel Arbeit und
wurden dann ganz und gar überwunden; nur ein Panner, das
der Münchner Schuhmacherzunft, ward gerettet. Da=
für bekamen sie dann, als der Ludwig später Kaiser
wurde, das Recht zum Münchner Stadtwappen und dazu
noch das, ihren Jahrtag in der Lorenzkirche in der Ludwigs=
burg halten zu dürfen.

Mit dem Reichsadler und mit noch Anderem dazu
wurden aber durch Kaiser Ludwig den Bayer die Bäcker
für den Muth und die Aufopferung belohnt, welche sie in
in der Mühldorfer Zwei=Kaiser=Schlacht Ao. 1322 bewährt
hatten.

Das „Andere" ist Etwas, was auch noch heute vor Augen
steht, wenn auch seine Bestimmung verändert wurde.

Der Kaiser baute ihnen nemlich im Thal, vom Rath=
haus kommend, unmittelbar über der Hochbrücke drüben

links ein kleines Haus, worin ein alter, dienstunfähig ge=
wordener Bäckergeselle verpflegt werden sollte, und geneh=
migte ihnen eine Bruderschaft.

Die fragliche Verpflegung wurde von Alters her bis
um Anfang dieses Jahrhundertes richtig an dem Ort gehalten,
worauf aber das kleine Haus verkauft, die Bäckerherberge
verlegt wurde, und der je treffende, alte Geselle fortan in
derselben seinen Austrag bekam.

Es wurden aber beim Verkauf des kleinen Bäcker=
Bruderschaftshauses auch die Bilder und Aufschriften über=
tüncht. Wenn man nun wollte, so könnte man den An=
wurf leicht wieder entfernen und da würde sich Folgendes
finden:

Erstens einmal ein Bild, welches darstellt, wie Kaiser
Ludwig den Bäckergesellen einen Gnadenbrief ertheilt, und
drüber den kaiserlichen Adler, welcher auch die zum Gottes=
dienst gehörigen Gefäße der gesammten Bruderschaft zierte.

Zweitens fände man drei lange, alte Sprüche, welche
dort und da schon zu finden sind, aber hier nicht fehlen
dürfen.

Unter dem Bilde stünde zu lesen:

Kaiser Ludwig der treue Höldt
Ein Fürst in Bayern auserwöhlt
Hat der Deckhen-Bruderschaft
Bestehlt mit Briefen großer Krast
Von wegen ihrer ritterlichen that.
Weil sie Kaiserliche Majestat
In einer Schlacht errölet haben.
Thät sie auch mit dem Haus begaben,

11*

und ſetzt ihnen in ihr Panier
Den Adler ſchön mit großer Zier.
Man thet in alten Brieſen leſen,
Der Becken-Knecht ſeynd fünf geweſen,
ſo die Bruderſchaft haben aufgericht,
Gott geb allen Bruedern und Schweſtern Glück.

Zur Linken ſtünde zu leſen:

Als man zehlt ein tauſend drey hundert
Und drei (zwei) und zwanzig auch beſundert
Nach Chriſti Geburth auſſerwöhlt
thet regieren der treye Höldt
Kaiſer Ludwig ganz offenbahr,
Ein frommer Fürſt von Bayern war,
Wider ihn zog gewaltiglich
Herzog Friedrich von Oeſterreich,
Mit einer großen Höres Macht,
Bei Mülldorff da geſchach die Schlacht,
Unglückh thet ob den Kaiſer ſchweben,
Der Feind thet ihn gar hart umgeben.
Da ſolches die Becker Knecht erſachen,
Theten ſie ſich den Kaiſer nachen,
triben mit ihrer Gegenwöhr
Zuruckh das öſterreichiſche Hör,
und errötteten den Kaiſer baldt,
gewunnen die Schlacht mit großer Gewalt.
Darauf der Kaiſer ihnen mit Zier
den Adler ſetzet in ihr Panier,
Beſtelt ihnen auch mit großer Kraft
unſer Lieben Frauen Bruederſchaft,
bauet ihnen zu München und auch zumahl
ein Haus, welches liegt in den thal,
Hängt an der Hofbruckmill darneben,

Gott geb den Kaiſer das ewig Leben
Wünſchen all Brueder und Schweſter eben.

Zur Rechten:

Als man ain tauſend drey hundert Jahr
und zwey und zwainzig zöhlen war,
Nach der Geburt Chriſti hinforth
Hat ſich begeben an den Orth.
Weit die ſtatt noch war ſchmal und klein,
ſtund an der ſtött ein Linden ſein.
Gar oft die Beckhen-Knecht beſunder
Hielten die Verſammlung darunter,
Brachten ihren Rathſchlag zu hauff,
Eine Bruderſchaft zu richten auf
In der Ehr unſer lieben Frauen,
Thetten die ſach fleißig anſchauen,
Tegten die ding dem Kaiſer für,
Und als er verſtund ihr begür,
verwilligt er ihnen herzlich gehrn,
Thet ſie auch noch darzue hoch verehrn.
Als der ſo ihn vergünſtigt war,
dieweil ſie ihn aus der gfar
Erſt in der ſchlacht erröttet haben,
thet ſie darzue noch mehr begaben.
Ließ ihnen pauen das häuslein klein,
gab ihnen Brieff und ſigl drein,
vergunnt ihnen auch darneben ehrlich
zu fiehren des Reichs Adler herrlich,
den ſonſt kein Handwerk fiehren darf,
ob es gleich künſtlich und ſcharf,
ſo thet die Bruderſchaft pauen
zum Lob Gottes und unſer Frauen,
und ſich hernach erſtrecken thet,
bis auf dreyhundert Märkt und ſtätt.

So lauten die Reimsprüche unter dem Anwurf. Daß
sie nicht sogleich Anfangs auf das Häuslein geschrieben
wurden, sondern um Vieles später, geht aus der Sprach=
weise und Anderem, so vor Allem aus den letzten vier Rei=
men hervor, denn man konnte Anfangs noch nicht wissen,
daß sich dreihundert Städte und Märkte anschließen würden.

Die Sache war vielmehr wahrscheinlich so, daß sich
die Bäckerschaft später an einen hochehrsamen Münchner
Schullehrer und Poetenmeister, wahrscheinlich um Ao. 1500
herum, wandte und ihn ersuchte, sich auf das Musenroß
zu setzen und etwas Bedeutendes vom Olymp herab zu
holen, was er auch offenbar that — und nachdem er es ge=
than und die obigen drei Poemata zusammengescribirt hatte,
wurden sie auf das, zu gleicher Zeit mit Bildern gezierte
Häuslein hinauf geschrieben, das ist meine Ansicht.

Ich möchte dabei gewesen sein, wie der Mann den
Bäckern sein Reimwerk zuerst in Vortrag brachte und wie
oft er dann, als die ganze Scriptur wirklich an der Wand
des Häusleins befindlich war, scheinbar zufällig des Weges
um die Stadt herum beim Isarthor herein und im Thal
daher kam und hinaufblinzte, denkend: das hab' ich abge=
faßt und steht jetzt da droben für alle Zeiten!

Und wenn er Mehre sah, die dastanden und fest hin=
aufschauten, wird's ihn innerlich ganz wohl erfreut haben.

So viel sage ich, und in dieser stillen Freude wird
der tapfere Schulmeister dann über die Hochbrücke hinüber
durch's Thalbrucker Thor hindurch, dann am Weinstadel
am Eck vorbei über den Marktplatz, hinüber in die Wein=

straße, dann links in das Sporergäßlein und um die Rück=
seite des Lieb Frauendomes herum, am Meßnerhaus vorbei,
zum kleinen Haus an der Ecke rechts geschritten sein, wo
das ganz kurze Gäßlein zur Schäfflergasse führt.

In dem kleinen Haus wird er wahrscheinlich logirt
haben, der Schullehrer und Poet, denn dasselbe war die alte
Poetenschule der lobsamen herzoglichen Stadt München,
und es ist sehr wenig Zweifel vorhanden, daß darin seiner
Zeit der Nürnberger Poet Hans Sachs einen Besuch
abstattete, als er auf der Wanderschaft aus dem Fränki=
schen zu uns kam, oder schon wieder auf der Heimkehr.

Wie dem sei, die besagte Poetenschule — in welcher wohl
besonders den Söhnen der wohlhabenderen Bürger Unter=
richt ertheilt wurde und worin die domizilirenden Schul=
regenten sich als eben so gute Poeten ausgewiesen haben
mußten, wie sich die Thürmer über gehöriges Posaunen=
blasen auszuweisen haben — ist schon allein dieses Schul=
meisters und seiner treuherzigen Reime wegen ein ganz
festes Denkzeichen, ungezählt den baulichen Behelf zur
Erinnerung an sämmtliche andere, frühere und spätere Colle=
gen, welche wahrscheinlich nicht minder regelrecht in die
Leyer zu greifen vermochten, als sie den Tatzenstock zu
schwingen verstanden.

Später veränderte sich nun allerdings mit Vielem auch
die Bestimmung des Poetenhauses, welches sich bei Ver=
mehrung des Unterrichtes bis an das Meßnerhaus aus=
dehnte, und es lebten dann ganz andere Leute darin, nachdem
die Schulen wo andershin verlegt worden waren.

Weil aber gerade von diesen Schul= und Poeten=
Wahr= und Denkzeichen die Rede ist, fällt mir eine tapfer
fromme Wittfrau ein, die später einmal in dem Theil
des Hauses lebte, welcher sich gegen das Meßnerhaus hin=
streckt, und zwar in der Stube mit dem großen Fenster.

Diese fromme Frau hieß Petronella Stro=
mair, war vom Mann her sehr wohlhäbig, und — wie es
eben in der Welt geht — obwohl sie schon fast ehrwürdig
an Jahren war, so fanden sich doch noch ein Paar, welche
ihr begreiflich machen wollten, sie sollte noch einmal hei=
rathen, und es handle sich dabei gewiß nicht um ihr Geld,
sondern rein und allein um den Besitz ihrer werthen Person.

Nun war die Frau Wittib Petronella Stromair ein=
sichtig genug, daß diese Angabe ganz verkehrt sei, und
weil sie sah, daß man sie zum Besten halten wolle, nahm
sie sich in fromm schalkhafter Weise dasselbe heraus — wes=
halb sie dem Einen wie dem Anderen, welche von einan=
der nichts wußten, erklärte:

Sie wolle sich noch besinnen, und wenn sie ihr drei
Bitten gewährten, so werde sie die Sache hoffentlich aufs
Beste entscheiden, die unweigerliche erste Bitte aber, sagte
sie zu Jedem, sei diese:

„Er möge ihr ein Jahr lang Ruhe gönnen, damit sie
recht freien Entschluß fassen könne, und nach Verfluß der
Zeit solle er dann kommen und sich anfragen."

Da nun die Zwei nichts weiter thun konnten, als
diese unweigerliche Bitte erfüllen, blieben sie weg und nach

Verlauf der Zeit kamen sie, jeder Einzeln, wieder an zwei verschieden bestimmten Tagen.

Da waren sie nicht wenig erstaunt, als die fromme Wittib sagte, sie habe sich die Sache so ziemlich überlegt, aber doch noch nicht genug, und ihre zweite unweiger= liche Bitte sei:

„Sie möchten wieder ein Jahr wegbleiben und dann fragen — und," sagte sie zu dem Zweiten, „so viel ihr be= dünke, sei dann für ihn ein bedeutendes Hinderniß beseitigt."

Sie sagte das, weil sie an der Geberde des Ersten wohl sah, daß er das zweitemal nicht mehr komme und frage.

Das traf auch ein, und übers Jahr kam nur der Zweite.

Als nun Dieser fragte, wozu sie sich entschlossen habe, sagte sie:

Sie sei schon zwei Drittelweit entschlossen, aber ihre dritte unweigerliche Bitte sei die:

„Daß er ihr noch ein Jahr Bedenkzeit gönne, worauf sie dann ihren Entschluß völlig bekannt geben werde; jeden= falls könne sie ihm sagen, es sei das besagte große Hinderniß für ihn weg geräumt, und ohne diesen Umstand könnte er sein Ziel wohl nicht leicht erreichen."

Da nun der heiraths= oder vielmehr geldlustige Herr diesen Umstand kennen lernen wollte, sagte sie ihm:

„Er habe einen Nebenbuhler gehabt, welcher aber seiner Probe untreu geworden sei, und sie könne sich nichts Anderes denken, als, er habe befürchtet, sie möchte ihn zum zweiten=

dann etwa zum drittenmale auf die lange Bank setzen, wie
sie ihn „vermeintlich" zum erstenmale darauf gesetzt habe.
Von ihm, der jetzt wieder gekommen sei, erwarte sie nun
diese Untreue, Schwäche und sonderlich diesen Argwohn nicht,
denn da sie jetzt schon wieder zwei Jahre in den grauen Schei=
teln vorgerückt sei, so werde er gewiß glauben, daß arge List
ihrem noch ehrbareren Sinn und ihrer nun noch größeren Fe=
stigkeit widerspräche, wie denn sie anderseits für gewiß halte,
daß sie, trotz ihres neuen Fortschrittes im Alter, nicht ihres
Geldes wegen verlangt werde. Es wäre ihr aber gleichwohl
lieb, wenn er dieß Letzte nochmals ganz feierlich und heilig be=
theuere, und wenn er das thäte, so könnte es sogar sein,
daß sie wirklich vom dritten Jahr absehen und sich sogleich
zur Ehe bereit erklären möchte."

Da nun der Bewerber dieß ganz feierlich und überaus
selig betheuerte, sagte sie:

„Das sei ihr das Liebste, was ihr begegnen hätte kön=
nen. Sie sei zu Allem bereit und sie wolle ihm auf der
Stelle einen Blick in all ihre Habe und in ihren letzten
Willen für ihn gewähren, denn man müsse denn doch für
alle Fälle Vorsorge tragen, und wenn er damit zufrieden
sei, so werde sie vor seinen Augen das Document von ein
paar Zeugen unterschreiben lassen, siegeln und schließen
und es dann zu Gerichtshanden geben."

Auf dieß ging sie zum Schrein, nahm ein Papier
heraus und gab es dem Bewerber, welcher es mit wenig
verborgener Begierde zur Hand nahm und zu lesen anfing.

Die ganze erste Seite, auf welcher ein Verzeichniß

ihrer Habe stand, schien einen sehr guten Eindruck auf ihn zu machen, weshalb er nicht versäumte, ihr etwas zum großen Lob ihrer Sparsamkeit zu sagen, und hierauf ganz froh umwendete.

Als er aber ganz froh umgewendet hatte, wurde er mit einemmale ganz bewegt und dann ganz starr und wechselweise roth und bleich im Antlitz — denn er sah, daß nicht er der Erbe sei, sondern zur einen Hälfte ihre alte, treue Schaffnerin, zur anderen die Armen der Stadt Nürnberg, von da sie ursprünglich her war.

„Weshalb zittert und starrt Ihr denn hinwieder so?" fragte sie. „Soll es Euch etwa doch nicht lieb sein, daß ich über meine Habe nicht für Euch, sondern für Andere verfügte? Ihr wolltet ja nicht mein Geld, sondern mich."

O sehr lieb — ganz lieb — nur Euch" — stotterte der Schelm — „und Ihr sollt den Beweis haben! Ich lasse Euch aber dennoch ein Jahr Ueberlegung und dann komme ich erst — ja — das heißt, ich würde Euch schon jetzt beim Worte nehmen, o sehr gerne, aber ich — ich habe eine Reise zu machen, welche es mir augenblicklich nicht thunlich macht — mich in — in die Bande der Ehe — zu — zu begeben —!"

„Da will ich Euch nicht drängen und hinderlich sein," sagte Frau Petronella Stromair — „lebt wohl und auf Wiederseh'n — wenn eben nicht hier — — doch jenseits!"

Der Schelm verbeugte sich tief, betheuerte alles Gute,

machte sich davon — — und kam am Tage des dritten Jahres nicht wieder.

Das hatte die Petronella Stromair wohl zum Voraus ge= wußt, und sie war darüber sicherlich nicht betrübt. Vielmehr hatte sie eine stillfromme Freude, daß sie ihre Sache so wohl angestellt habe, die zwei arglistigen Gesellen zum Besten zu halten, statt daß es ihr widerfahren wäre, sie er= zählte die Sache auch Der oder Jener von ihrer Basenschaft, und so kam das Ganze unter die Leute. Danach lebte die Petronella noch ein ganzes Halbbutzend Jahre, bis sie Ao. 1601 gottseliglich in den Herrn einging und schräg herüber von ihrer Behausung begraben wurde — an der Stelle sieht noch heute zu Tage Jedermann ihren schwarzen, langgestreckten Grabstein an der Wand außerhalb der Sa= kristei. Auf dem Stein ist sie abgebildet, und wenn die Zeit auch, wie an Allem, Gewalt verübt hat, so viel erkennt man gleichwohl noch am Antlitz, daß die Frau Petro= nella Stromair ein recht „gutes Leut" gewesen sein müsse.

So ist es mit Dem beschaffen.

Nahe bei diesem Stein an derselben Sakristeiwand befindet sich ein Grabstein mit hoch erhaben geätzter Schrift, welcher deshalb bemerkenswerth ist, weil man sagt, er habe die Veranlassung zur Steinzeichnungskunst gegeben.

Wieder fromme Erinnerung erweckt der, jetzt neu her= gestellte, Brunnen, geradeüber von der obengenannte Poe= tenschule. Dieser wurde zu Ehren des heil. Benno, von welchem schon die Rede war, errichtet, und das Wasser deſſelben ſoll ſich in Betreff der Augen oft ſehr nützlich erwieſen haben.

Was Grabſteine betrifft, ſo ſind um den Dom Unſer Lieb Frauen herum noch gar manche, welche Veranlaſſung gäben, auf Mancherlei zu kommen, wodurch die ſtummen Steine zu geiſtigen „Merk's Dir," alſo zu nach Innen wirkenden Wahrzeichen würden, und ich kann Euch für gewiß ſagen, daß dies manches Mal gerade bei jenen der Fall wäre, welche ſchon recht herabgekommen ſind, ja es ließe ſich über ein' und den anderen ein ganzes kleines Buch ſchreiben.

Es kann aber hierorts nicht ſo weit darauf einge= gangen werden, und ſei nur bemerkt, daß viele ſolcher Steine nicht zu überſehen ſind:

Beiſpielsweiſe der des Canonicus **Pettenbeck**, welcher knieend dargeſtellt iſt; der des Patriziers **Euſtachius Liegſalz**, welcher in ganzer Geſtalt vor Augen ſteht; weiters, nach dem ſchon erwähnten Grabſtein des Meiſters **Conrad** und jenſeits der Sonnenuhr, der Grabſtein des **Muſikus Bandinelli** — der des Baumeiſters **Fiſcher**, welcher ſo viele Kirchen und Klöſter aufgerichtet hat u. m. A.

Um nun, obwohl ſchon von Manchem **innerhalb** des Lieb Frauen Domes verhandelt wurde, noch von An= derem dortſelbſt zu ſprechen, was an früher Dageweſenes, an große Werke, eigenthümlich ſagenhafte Ereigniſſe oder ſonſt Bemerkenswerthes mahnt und uns das Gedächtniß einzel= ner Menſchen, die ſchon ſo lange nicht mehr da ſind, leben= dig auffriſcht, will ich zuvörderſt auf diejenigen Abtheilun=

gen der schönen, alten Glasmalereien in den Kirchenfenstern
aufmerksam machen, welche allein stehen, oder in ihrer Abgrenz-
ung Jedem erkenntlich, nicht zu den großen, gegen Ende des
fünfzehnten Jahrhunderts von Eginhard Trautenwolf
gemalten Fenstern gehören, mit denen sie zusammengesetzt
sind, sondern noch von der kleinen, ersten Marienkirche her-
stammen.

Weiters sprechen die runden Todtenschilde an den
Wänden ernst mahnungsreich;

desgleichen der schöne, fromm anmuthende Grabstein
des ehrwürdigen Freisinger Bischofes Tulpek, welcher
bei der Grundsteinlegung des jetzigen Domes zugegen war,
nach etlichen Jahren seine hohe Würde ablegte und bis zu
seinem Scheiden zu München als Pfarrer zu Unser Lieben
Frauen lebte;

desgleichen sein Marienbild
und die knieende Gestalt des Dr. Johannes Neu-
hauser, welcher der erste Stiftsprobst des Domes war.

Recht beschaulich macht auch die Schneckentreppe
an der alten Sakristei hinter dem Hochaltar, weil da
vorerst die Herren Land Bayerns am grünen Donnerstag
das Allerheiligste in Prozession hinauf und herab begleiteten zum früher dort oben befindlichen Salvators- oder
Andreasaltar.

Dieser ist selbst merkenswerth, weil die Sage geht,
er sei als Hauptaltar in dem Kirchlein gewesen, welches
in Mitte des Raumes stand, worauf sich gegenwärtig die
Jesuiten- oder Michaelskirche befindet.

Des Grabsteins des Dombaumeisters wurde schon gedacht; ich mag aber gerne beisetzen, was unter seinem und des Zimmermeisters Bildnissen, welche zur Seite des Orgelhauses hängen, geschrieben ist.

Unter dem des Baumeisters steht das Nemliche ge-schrieben, was sich auf seinem Grabstein gemeißelt findet.

Unter dem des Zimmermeisters, welcher der Tradition nach Heimeran hieß, steht geschrieben:

Fast 300 Jähriges wahrhafftes Contrafait des Zimmer Maisters allhiesiger Stadt, welcher bei dieser Weltberiem-ten Basilica sein Maister Stuck dargethan in dem Kunst-reichen Ober Zimmer oder Dach, zu welchem 1400 Floß jeder von 15 und 16 Baum verwendet worden. Nebst Hinterlassung eines zugerichteten an ein Sicheres orth gehörigen Dram oder Baßien, da doch keiner abgehet. Herr gib ihm die ewige Ruhe.

Den besagten Balken kann Jeder sehen, der den einen Frauenthurm besteigt.

Auch ist die Abbildung des jüngsten Gerichtes von Michael Angelo merkenswerth, welche dem Lieb Frauen Dom einverleibt ist und sich ursprünglich in der Franziskanerkirche zur Linken am Eingang befand. Hans Mielich der Münchner Meister, hat es seiner Zeit ge-malt, und es war das Grabdenkmal des Kanzlers Leon-hard Eck. Unser trefflicher Geschichtschreiber Lipowsky rettete es Ao. 1802 gerade noch, als es unterm Hammer-schlag vielleicht um ein paar Thaler veräußt worden und wer weiß wohin gekommen wäre.

Weiters kann sich Einer wieder Gedanken machen, wie weit man es schon früher in der mechanischen Kunst gebracht und wie frumm sinnreich man sie anwandte, wenn er

die Perpendikel=Uhr bei U. L. Frauen betrachtet. Denn, schrieb Einer:

„Wann's Zwölfe schlagt zucket der himmlische Vater das Schwert, unser Herr Jesu und Maria aber bitten für die Welt, und da steckt er das Schwert wiederumb ein; auch bewegen ihrer vier Figuren sämmtlich Mund und Händt, als ob sie dann Buß predigten; auch ist selben ein stehender Hahn zu öberst, der vor dem Stundenschlag mit denen Flügeln zusammenschlägt und ein Krächzen erhebt, unter ihm aber ruckt St. Petrus von drenten heraus und weint bitterlich, weil daß er Christum verläugnet hat; hinwieder nahet von enten unser Herr und schaut ganz liebreich zu ihm, da er dann selbst zu Caiphas geführt wird.“

So schrieb Einer um Ao. 1780 von derselben Uhr mit ihrem Gang=, Spiel= und Schlagwerk, und wer recht in die heutige Zeit schaut, der mag erkennen, es sei in der großen Welt, wie in demselben kleinen Uhrwerk. Denn Gott möcht' wohl zeitweise das Schwert zücken und dreinschlagen, wenn ihn nicht die Erbarmniß zurückhielte, weil die Schuldigen nicht allein büßten, sondern die Anderen auch leiden würden, die nichts verbrochen haben. Wenn's ihm aber zu lange währt, könnte es doch sein, also mögen die Einen bald ablassen von ihrer Feindschaft gegen Recht und Treue, und die

Andern sich nicht zaghaft erzeigen, sonst wird Gott etwan grimmig und schlägt dennoch darein.

Mehr sag' ich nicht, ich habe Euch die gute Lehre gegeben.

In U. L. Frauen Dom ist auch noch ein anderes, ungemein wichtiges Denkzeichen, welches gewiß nicht zu übersehen ist.

Dieß ist die Erinnerungstafel an Pabst Pius VI., welcher Ao. 1782 am 3. Mai bei Gelegenheit seiner Durchreise nach Wien am linken Altar nächst dem Hoch-altar Messe las.

Die Inschrift lautet:

Pius VI. Pontificum max. primus ad hanc urbem invisit, Caroli Theodori Ducis Electoris amicus et gratissimus hospes, ipsoque hoc loco sacra peregit III. Cal. Maii MDCCLXXXII.

Außerdem befinden sich in der Frauenkirche noch etliche mehr in das wirkliche Wahrzeichen hineinspielende Dinge.

Ich will aber nur einige derselben andeuten.

So nenne ich denn ein, meines Wissens gegenwärtig in der Sakristei befindliche Cruzifix von Metall, das „schwarze" genannt. Es heißt, ein um 1730 verstorbener Locotenent habe es früherhin im Krieg auf der Brust getra-gen und sei dadurch vom Tode errettet worden, indem die Kugel nur die Füße des Bildes verletzt habe. Als man das schwarze Cruzifix später in Silber faßte, wurde zweimal ein Versuch gemacht, es zu rauben, es mißlang aber beide

Male, und die bösen Gesellen sollen mit heiligem Schrecken entflohen sein.

Weiters das Votivbild der Stadt Braunau we=
gen Brandunglückes.

Dann aber den Sinn zu den Thürmen des Domes wendend, sind da zwei dem Ohr recht vernehmbare Wahr=
zeichen der Frömmigkeit vergangener Zeit, die in unsere Zeit hereinhallen.

Damit ist Zweierlei gemeint.

Für's Erste das Ave Maria=Geläute, welches 1390 von Pabst Bonifaz auf Bitte der Herzoge Ste=
phan und Friedrich genehmigt wurde, und dann

das glorreiche Geläute der großen Salvaglocke an hohen Festtagen und der kleineren, welche an den Marientagen ertönt.

Vielleicht möchte Mancher, obwohl es auch in ande=
ren Geschriften zu finden ist, beigesetzt haben, was etwan auf diesen Glocken geschrieben stehe, und wie viel sie wiegen.

Auf der kleinen Salvaglocke stehen nur die zwei Zeilen:

Im Jahr MDCXVII von Gottes gepurt hat mich gegossen Meister Barthm. Wengle von München onsedrossen.

Auf der großen steht aber viel mehr:

Susanna hais ich. in Jhesus und Lukas, martius, matheus und johannes namen gos man mich. der durchleuchtig hoch-
geborne Fürst und Herr Herr Albrecht pfalzgrave bei rein und Herzog in obern und niedern pairn was stifter meer. von regenspurg her pracht man mich. die posen weter ver-
treib ich. den tod erpeere ich. hanns ernst gos mich als

man zält von gottes gepurt tausend vier hundert und drei
dem neunzigsten jar tetragamatan.

Diese große Salvaglocke wiegt 12,500 Pfund, die
kleine aber 6060.

Nun habe ich genug von dem und jenem in und auf
dem L. Frauen Dom für Gemüth, Sehen und Hören Mah=
nungsreichen berichtet und in die achtundzwanzig Wahr=,
Denk= und Gedenkzeichen genannt. Ich will mich aber jetzt
dort und da in der Stadt umsehen, was da weiters zu
finden ist.

29stes ist ein Wahrzeichen das Thörlein von der
Burg in die Lederergasse hinab. Das, heißt es,
mußten die Bürger den Herzogen zum Aus= und Eintritt
errichten, als die Münchener seiner Zeit angehoben hatten,
rebellisch zu werden, wofür sie sich dann beugen mußten.
Bald darauf ging dann erst der rechte Tanz los, wie Ihr
in der Historia vom Faustthürmlein vernommen habt.

Bei Veranlassung des besagten Thörleins kommt ein
Hofnarr in's Spiel; Der sah, wie es kommen werde,
seine Herzoge wollten es aber nicht glauben, sondern droh=
ten ihm für seine schlechte Meinung von den Münchenern
mit dem Einsperren, wenn er die Münchener verläumbe.

Durch diesen Gesellen hat in Betreff des Faustthürm=
leins und des dort eingesperrten, falschen Bürgermeisters
öfters eine Verwechslung stattgefunden und ich bin deshalb
mit einem in seiner Sache nicht wenig tüchtigen Doctor
gehörig in Streit gekommen, der aber gut ausging, weil
mir selbiger berühmte Doctor recht ließ.

12*

Wer weiß, lasse ich noch über das genannte Thörlein eine ganz eigene Geschichte ausgehen, weil ich den ganzen Vorfall sagenweise gut kenne.

Jetzt kommen dagegen mehre, recht düstere Wahrzeichen.

30stens, ist da das erste eines des finstersten Schicksals, das T auf einem Haus in der Kaufingerstraße zur Linken vom Marienplatz her.

Dieses T bedeutet nämlich Tod und das treffende Haus ist eines der vielen Häuser, welche zur Pestzeit 1634—35 ganz und gar ausstarben. Dieß eine aber ist sonderlich deßwegen merkenswerth und tiefdeutsam, weil die Sage geht: Ein geldgieriger Erbe habe sich in seiner Ungeduld zu früh hineingewagt und sei als letztes Opfer der Pest gefallen, als sie schon für ganz erloschen galt.

31stens, das zweite dient so recht zur Betrachtnahme der Grausamkeit und des Hasses vergangener Jahrhunderte.

Damit ist das untere Gewölbe des Bäckerhauses in der Gruftgasse gemeint.

An diesem Orte war vordem eine Synagoge, und in dieser wurde Ao. 1285 eine Zahl Juden den Flammen vom Volk preisgegeben, weil es durch das Gerücht empört worden war, die Juden hätten ein Christenkind ermordet. Ueber viel später ward an dem Orte und aus dem ganzen Gebäude, in welches schon damals Stufen hinab gingen, eine Art Kirche errichtet und oben und unten ein kleiner Altar aufgestellt, aus welch letzter Veranlassung man es da zur Gruftkirche nannte. Alle Aufschreibungen

und Inventare, welche zu dieser, bis in unsere Jugendzeit be-
standenen Kirche gehörten, befanden sich bis vor wenigen Jahren im Landgerichtsarchiv zu Starnberg, sind aber dann
glaublich in das Reichsarchiv nach München gebracht worden.

32stens. Das dritte ist eines, welches auch auf die
unglückseligen Zeiten des Religionshasses und zwar unter
den Christen selbst hindeutet und uns ungemein ernst
warnt, während es an sich nur die Leiden Einzelner zur
Zeit des dreißigjährigen Krieges in Erinnerung hält. Zwar
befindet sich der Gegenstand zu Ramersdorf ausserhalb der
Stadt; aber die Betroffenen gehörten eben herein, und es
ist damit das Gedenk= und Dankbild gemeint, auf
welchem die weltlichen und geistlichen Herren abconterfeit
sind, die 1632 vom Gustaph Adolf als Geißeln weg-
geführt wurden und dann nach vielen und schweren Erleb-
nissen wiederkehrten.

33stens. Das vierte ist auch ein recht ernstes, würdig ansprechendes Denk= und Wahrzeichen, nemlich opfer-
willigster Vaterlandsliebe.

Das ist das auf dem Münchener Kirchhof befindliche
Monument der Oberländer Bauern, welche in den
Wechselfällen des spanischen Successionskrieges, zu Zeiten
der österreichischen Occupation Münchens, in der Sendlinger
Schlacht Ao. 1705 für ihren landesabwesenden Churfürsten
Max Emanuel kämpften und den Tod fanden.

Das eigentliche Grab, auch mit einem schlicht=schönen
Monument geziert, ist, wie Jeder weiß, auf dem Sendlinger Kirchhof.

34ſtens. Ein anderes iſt ernſt, aber doch ſchon milder. Nemlich die Auguſtiner=Sonnenuhr im Hofe des Münchener Bezirksgerichtes.

Dieſe Sonnenuhr galt in dem letzten Drittheil des vorigen Jahrhunderts gleich als ein Wahrzeichen propheti= ſcher Natur, weil ſie ohne allen Sonnenſchein genau die Zeit angegeben habe, in welcher dann Churfürſt Mar III. von hinnen ſchied.

Und jetzt wird die Sache wieder ganz mild, denn

35ſtens handelt es ſich um die Johannistirche in der Sendlingergaſſe.

Die iſt denn doch ein recht tüchtiges Wahrzeichen, ein ganz erfreuliches Zeugniß der Opferwilligkeit zweier Brüder, genannt Aſam, welche beide tapfere Meiſter in der Kunſt waren, der Eine ſonderlich in der Malerei, der Andere in der Bildhauerei und Stuckador=Arbeit; aber ganz abgeſehen von den Zweien, iſt dieſe Kirche ein recht glanz= volles Wahrzeichen damaliger Bauart und überreicher Zier.

Dieſe zwei Brüder bauten ſich ſpäter zu Maria Einſiedel nächſt Thalkirchen an und verbrachten da ihre älteren Tage.

36ſtens. Ganz gute Wahrzeichen früheren Wettſtrei= tes und der Feſtfreude der alten Zeiten bis in die neue= ren herein ſind auch die verſchiedenen Scheiben, welche brauſen in den Gängen der Schützenhalle auf dem Hügel der Thereſienwieſe aufbewahrt werden; denn unter dieſen Scheiben iſt gar manche, welche ungemein viel ſagt, man muß ſie nur recht aufmerkſam betrachten!

Uebrigens sagt

37stens ein stets neu lebendiges Wahrzeichen, welches die Münchener Gesellenschaft zeitweise ausführt, auch nicht wenig.

Damit meine ich den Schäfflertanz, ein ganz frohes „Denkt= und Merkt's=Euch" des guten Muthes, welchen die frumm=tapfere Schäfflerschaft in bösen Läuften vergangener, altergrauer Jahrhunderte bewahrte und damit Andere ermuthigte.

Nun meint da vielleicht Mancher, ich ließe es bei den vielen Wahr= und Denkzeichen in diesem Kapitel beruhen.

Dem ist aber keineswegs so, vielmehr folgen schon noch mehre, nur daß ich von dem nichts weiter berichte, was vom hochlöblich weisen Rath der Stadt schon durch die steinernen Gedenktafeln aller Orten angedeutet ist, und daß ich etwa irgend Etwas als nicht sonderlich wichtig bezeichne,

Wie das

38stens der Fall ist mit dem zerbrochenen Holz, welches in der Ecke unweit des Christophsteins nächst dem Kapellenhof der Residenz hängt.

Darüber haben sich Manche schon die größten Gedanken gemacht; es ist aber weiter nichts damit, als daß die Hofdiener früher darin ihre Windlichter auslöschten.

Im Uebrigen kommt bei dem Löschkegel einmal der Hofnarr Pranger in's Spiel.

In letzten Zeiten des Churfürsten Carl Theodor

stand nemlich ein sicherer, fremder Edelmann in ziemlicher Gunst und nahm sich viel heraus.

Wie nun einst Abends die Hofdiener ihre Windlichter ausgelöscht hatten, stellte sich der Pranger gegen die Ecke und rief zu öfteren Malen ungemein laut: „Noch eines!"

Da nun kein Windlicht mehr brannte, und sich alle Cavaliere verwunderten, trat der fremde Edelmann hin und sagte: „Pranger, schrei' nicht so, es gibt nichts mehr auszulöschen!"

Rief der Pranger: „Das wirst jetzt du wissen! Aus mit dem Windlicht!"

Sagte der Edelmann: „Du bist ein rechter Narr!"

Antwortete der Pranger: „Und du ein rechtes Hofwindlicht!"

Rief der Andere voll Zorn: „Was willst du damit sagen?"

Rief der Pranger: „Heut' nimmer — frag' mich morgen. Wenn's dir nicht recht ist, verklag' mich beim Serenissimus!"

Damit drängte er sich durch und machte sich davon.

Der Edelmann aber rannte voll Zorn die Treppe hinauf und bat um Audienz, weil ihn der Pranger beleidigt habe. Da ward ihm gesagt, der Churfürst habe keine Zeit; als er am nächsten Morgen wieder kam, hieß es wieder so, und als er zum drittenmal Nachmittags kam, empfing er ein Schreiben — und als er es las, sah er, daß man seiner Dienste aus guten Gründen nicht mehr bedürfe, demnach sein ganzer Stolz wirklich ein Windlicht gewesen sei,

welches abeglöscht war, und daß der Pranger am jüngsten
Abend ganz recht gehabt habe — denn Der hatte vom Stand
der Dinge Bericht.

39stens. Mit dem bekannten Stein unter- und dann
seitwärts der Damenstiftskirche, auf welchem zwei Hünd-
lein mit einer Kugel zu schaffen haben, geht es auch auf
kein etwa großes Ereigniß hinaus.

Es giebt darüber verschiedene Meinungen.

Die Einen nehmen an: es sei einmal eine Kanonen-
kugel hereingeflogen, mit der die Hunde scherzten.

Die Anderen behaupten, es seien einmal da die Jagd-
hunde und andere dergleichen Vierfüßler gefüttert worden, die
schöne Sprach-weise des Volkes habe das Worte Küche in
das äußerst anmuthige Wort „Kuchel“ verändert, später, als
die Sache längst beendet und ihr Grund nicht mehr erinner-
lich war, habe dann Einer etwas von einer Kugel und von
etlichen besagten Vierfüßlern gehört, sich vorgenommen, sein
Haus zu zieren, und sich an einen Steinmetz gewendet —
und so sei dann das Bild entstanden.

Und so gibt es noch mehr hochgelahrte Meinungen.

Ich glaube nun zwar auch an ein ähnliches Vergessen
des späteren Hausbesitzers und will da am ungemein schönen Volksausdruck nicht mäckeln.

Aber das Wort Kugel rührt wahrscheinlich nicht von
da, sondern von Gugel her.

Der Tradition nach war nemlich nach Ende des engen
Gäßleins von der Sendlingergasse her ein Aufenthalt für
ganz arme Leute, welche da nothdürftigst verpflegt wurden

und dafür die Aufgabe hatten, den Begräbniſſen der übrigen Stadtarmen als Kläger beizuwohnen — eine andere Kunde ſagt, Derer, die ſich ſelbſt entleibten — und dabei in ſchwarzen Leinröcken mit Gugeln über den Häuptern zu erſcheinen.

Jetzt mag ſich Männiglich das Beſſere über die weltberühmte Hundskugel oder Gugel herausſuchen.

40ſtens war früher ein höchſt mahnungsvolles Wahrzeichen für böſe, recht habgierige Geſellen — am Anger, vom Dultgäßlein herab rechts herüber an dem erſten Hauſe, der angemalte **Engel** mit der **Wage**, in deren einer Schale eine kleine, fromme Seele ſaß und in der anderen ein kleines Teufelein, wobei dann die Seele im Werthe ſchwerer wog.

Dies Bild hatte ſagenweiſe ſeinen Grund darin, daß ein alter, harter Gläubiger ſeinem durch Unglück herabgekommenen Schuldner, vielmehr der Wittwe deſſelben, das fragliche Haus auf dem „**Gantſtuhl am Fiſchbrunnen**" erſter ſelbſt ein Wahrzeichen alter, ſtrenger Rechtspflege in Schuldverhältniſſen — verganten ließ, ſie forttrieb und ſelbſt in das Haus zog. Darauf, heißt es, habe die Wittwe ihr Leben in Armuth fromm und chriſtlich duldſam fortgeſetzt, bis ſie ſeliglich zum Sterben kam und da noch für den früheren, harten Gläubiger betete.

Ueber das habe Der viel Spott getrieben und ſei gegen Andere ein paarmal eben ſo hart geweſen.

Als er dann endlich, auf ſein Geld und Recht ſtolz, zu wieder einem Anderen ſagte, er müſſe ihm ſeine ſchöne Tochter zur Frau geben, oder er treibe ihn von Haus und Hof, Jener aber ihn bei Gottes Barmherzigkeit anflehte, rief er, heißt es: „Was Gott, Geld zieht hin!" Auf diese Worte habe ihn der Schlag an seiner Hausthüre getroffen, und man daraus Anlaß genommen, das Bild an's Haus zu malen.

41stens. Von der Schatzkammer war schon früher die Rede, als es galt, den ehrenfesten Syndicus, Lazari Ritter, Anthoni Wilhelmus Ertel zu berühmen, der Vieles treu verwunderlich aufschrieb.

Was nun die einzelnen, merkwürdigen und mehr oder minder kostbaren Dinge betrifft, welche sich sowohl in dieser Schatzkammer, als in der reichen Kapelle, in der Staatsbibliothek und im bayerischen National-Museum befinden, so muß ich da wohl fast ganz Umgang nehmen; leider, denn wenn man ein und den anderen Gegenstand mit dem rechten Blick betrachtet, findet sich, daß gar Manches an Pracht und Gewalt, so hinwieder an die Hinfälligkeit derselben mächtig erinnert, ein Anderes an strenge Frömmigkeit und gute Gesinnung, während wieder Anderes nur überhaupt das Andenken an das und jene früher Dagewesene auffrischt, und es ist solcher einzelnen Dinge eine so gute Zahl vorhanden, daß man drüber wieder gar Vieles schreiben könnte.

Das habe ich auch gethan, und es kommt dabei namentlich Letztgenanntes in's Spiel.

Aber nur ganz Weniges anzudeuten, erwähne ich, angesehen die Schatzkammer, beispielsweise

Die böhmische Königskrone Friedrichs V., welche unserm großen Churfürsten Max I. nach der berühmten Schlacht am weißen Berge bei Prag in die Hände fiel. —

Im reichen Schatz der Staatsbibliothek, der sogenann=
ten Cimelien=Sammlung, — finden sich, zur Seite vie=
les anderem Merkwürdigen,

einige mehr auf die Frömmigkeit und den, keine Kosten
scheuenden, Kunstsinn unserer früheren Fürsten hindeutende
Gegenstände — als etwa das Gebetbuch Kaiser Lud=
wigs und dann die, mit dem schönsten Darstellungen und
den herrlichsten Wassermalereien von H. Mielich gezierten,
heiligen Psalmgesänge Orlando's di Lasso, des
berühmten Tonsetzers, welcher nach vielen Wechselfällen des
Lebens in der zweiten Hälfte des sechszehnten Jahrhunderts
an den herzoglichen Hof nach München kam, dort in hohen
Ehren gehalten wurde und uns mit seiner Kirchenmusik
noch heutzutage erhebt.

Der Grabstein des Orlando di Lasso befindet sich
im National=Museum.

Das neue Gebäude dieser Sammlung bietet an seiner
Aussenseite durch die eine bäuerliche Gestalt mit der
Fahne auch ein Wahrzeichen für alle Zeiten dar. Diese
Gestalt soll nemlich an Balthasar Mayr, den starken
Schmied von Kochel, und beziehungsweise an den, in der
Sendlinger Schlacht bewährten Patriotismus des Gebirgs=
Volkes überhaupt erinnern, welcher, wie früher erwähnt, zu
Anfang des achtzehnten Jahrhunderts bewiesen wurde.

Wie gesagt, auch von jenem an Kenntnißnahme der
Vergangenheit unerschöpflichen Museum mit seinen Altären,
Heiligengeschnitzen und Bildern, Conterfeien, Waffen, Rüst=
ungen, Gegenständen der Hauseinrichtung und unzählig

Anderem kann ich bis auf Weiteres und anderswo nicht in's Längere sprechen und nur ein paar so recht hieher gehörige Gegenstände berühren.

Der erste ist das echte, alte, steinerne Marienbild aus der alten Angerkirche, welches erst vor etlichen Jahren in einer Art Holzlege in schlimmem Zustande wieder ent= deckt wurde. Die guten Klosterfrauen, nahe gegen Anfang dieses Jahrhunderts, wollten es einmal in Einigem her= stellen lassen, es fehlte ihnen aber an Geld, das Verlangte zu bezahlen.

So kam es nicht mehr an Ort und Stelle, wurde vielmehr, wer weiß von welchem gleichgültigen Menschen, bei Seite geräumt, verschoben, erlitt manche Verletzungen, und ward weiters nahe zu vergessen; bis es der Vorstand des National = Museums, Freiherr von Aretin, wieder aus seinem Versteck erheben, so wohl ausbessern ließ, daß man kein Fehl mehr entdeckt, und es in der Sammlung aufstellte.

Dieses Marienbild ist an sich merkwürdig genug, weil es sich bis aus der uralten Zeit Herzogs Otto des Er= lauchten herschreibt, welcher zuerst an die St. Jakobskapelle Barfüßermönche setzte. Diese hatten ihr Klösterlein etliche sechzig Jahre inne, bis ihnen dann Herzog Ludwig der Strenge achttausend Gulden schenkte und ihnen auftrug, in der Nähe der von ihm begonnenen Ludwigsburg eine Kirche und ein Kloster zu bauen, nemlich da, wo jetzt das Hof= theater steht. Nach dieser Veränderung ihres Aufenthalts war das Klösterlein am Anger ganz veröbet, deshalb ließen die reichen Sendlinger aus Ulm Klarissinnen kommen, und so begann am St. Gallustag Ao. 1284 das Anger Frauenklösterlein.

Anderseits ist das fragliche Steinbild noch um so mahnungsvoller, als Kaiser Ludwig der Bayer und seine erste Gemahlin Beatrix, wie auch seine zweite Margarethe öfters vor demselben ihre Andacht verrichteten; besonders aber eine Tochter der ersten Zwei, die schöne Prinzessin Agnes, welche unsäglich fromm und sehnsüchtig nach heiliger Einsamkeit war. Also betete diese ungemein gerne im Kirchlein und wollte oft gar nicht mehr fort, bis sich zuletzt herausstellte, daß ihr Sinn vom Weltlichen gar nichts wissen wolle, und daß sie ihr Alles, ihr Verlangen auf das stille Klosterleben setze. Da wollte der Kaiser nach vieler Prüfung nicht mehr nein sagen, und so wurde die Agnes Klarissin und führte ihr heiliges Leben fort, bis Ao. 1352. Da schied sie im März von hinnen. Ihre Gebeine ruhen jetzt in der Gruft U. L. Frauen in einem Sarg mit den Gebeinen der Barbara, Tochter Herzogs Albrecht III., welche früh in's Kloster am Anger ging und dort, nachdem sie ein französischer Prinz vergeblich zu ehelichen wünschte, im Alter von siebenzehn Jahren Ao. 1472 starb, — und mit denen der Maria Anna Carolina Josepha Dominika, einer Schwester des Neuburger Pfalzgrafen Philipp Wilhelm, welche Ao. 1719 in Gegenwart des Churfürsten Max Emanuel und seines ganzen Hofes in der Angerkirche eingekleidet wurde und Ao. 1750 in Gott einging.

Der Sarg, in welchem die drei besagten Fürstinnen

ruhen, trägt die Hauptaufschrift: Ossa Clarissarum in An-
gere D. B.

Der zweite Gegenstand hat Bezug auf die Churfürstin Adelheid von Savoyen, Gemahlin Ferdinand
Maria's und Mitstifterin der Theatinerkirche, und es ist
ihr rauher Bußgürtel.

Sie trug ihn wohl zumeist in der Charwoche und
ausserdem zu jenen Zeiten, in welchen es sich um die An-
dachtsübungen der „Sclavinen" oder des „Ordens der Die-
nerinen der Himmelskönigin Maria" handelte, also an den
Marienfesttagen.

Diesen Orden stiftete die Adelheit und trat selbst als
Oberin ein. Das Ordenskleid war ein hellgrau seidenes
Kleid mit einem Gürtel von Stahl, das Scapulier war
dunkelblau, über dem Haupt hing ein weißer Nonnenschleier
und auf der Brust ein goldenes Kreuz an einem goldenen
Kettchen.

In diesem Gewand empfing die Adelheid von Savoyen nebst den übrigen Ordensschwestern an allen Marientagen in der Theatinerkirche das heilige Abendmahl, am
Charfreitag aber gingen sie sämmtlich zum Besuch der
Gräber in München umher, wobei das Kapitelkreuz vor-
ausgetragen wurde, und hielten in allen Kirchen Andacht.

In dem genannten Ordenskleide wurde sie auch nach
der sich, wie allen Ordensschwestern, gegebenen Vorschrift begraben.

Sie war eine fromme, gute Fürstin, welche allen Armen unsäglich wohl wollte.

Von ihr schreibt sich auch das dreifache Geläute und Aussetzen des Sanktissimum her, vor welchem, wenn Jemand seinem Ende nahte, dazumal zwei Theatiner beteten.

So gerne ich nun hier von dem besagten Museum länger geplaudert hätte, so gerne möchte ich es auch vom

Bürgerlichen Zeughaus auf dem Anger, worin sich Vieles findet, was an ganz merkwürdige Zeiten, hoch= fürstliche Personen und Vorfälle erinnert, wie etwa das Schwert des Churfürsten Maximilian I. und andere Waffen — von ein paar Rädern werdet Ihr später hören —

Und von einem oder dem anderen Gegenstande in den Vereinigten Sammlungen am Hofgarten.

Aber ich muß doch bald wieder zur Stadt als solcher zurückkehren und sage deshalb von letzteren hier nur so viel:

Daß zur Seite derselben im zweiten Treppenhaus der riesige Schuh der Bavaria aufgestellt ist, welcher seiner Zeit beim Bavaria=Festzuge durch die Stadt München ge= fahren wurde.

Es ist wohl keine Frage, daß dieser größte aller Schuhe in der Welt seiner Zeit in das Nationalmuseum kommen und dort künftigen Geschlechtern ein Wahrzeichen freudig festlicher Zeiten der Vergangenheit bilden werde.

Und jetzt gehe ich wieder auf mancherlei Anderes über, wobei ich zuerst noch auf ein gewisses metallenes Grabdenkmal und eine Sakristei zu reden komme, dann aber auf ein paar Gebäude, von deren einem noch etwas Weniges da ist, vom anderen aber gar nichts mehr.

Mit dem Grabdenkmal aber meine ich

42ſten die ritterliche Geſtalt unter der Orgel zu Hl. Geiſt im Thal.

Dieſe ſtellt Herzog Ferdinand, den Bruder Herzogs Wilhelm V. oder Frommen dar; eben Den, welcher Ao. D. 1588 ſeinen Erbfolge=Anſprüchen entſagend, die ſchöne Maria Pettenbeck zur Gemahlin nahm und von da an mit ihr in ſeiner fürſtlichen Behauſung am Rinder= markt lebte, da, wo man durch die Höfe in das Roſen= thal hinabkommt. Beim Hinaustritt zu letzterem waren geradeüber die Gärten des Herzogs; zur Linken am Thor= weg aber war die, zur Hofhaltung gehörige St. Sebaſtians= Kirche. In dieſer wurde beim ſeinerzeitigen Scheiden des edlen Herzogs das genannte Standbild errichtet und blieb da= ſelbſt, bis die Kirche weichen mußte, worauf es in die Hl. Geiſtkirche übergeſetzt wurde. Die Gebeine des Her= zogs und ſeiner Gemahlin aber ruhen in der L. Frauen= kirche.

Bekanntlich hießen die acht Söhne, acht Töchter und weiteren Nachkommen des Ferdinand und der holden Maria Pettenbeck, oder des Peter=Beck=Töchterleins, von deren Liebesangelegenheit im „Münchener=Stadtbüchlein" mehr zu finden iſt, Grafen und Gräfinnen von Wartenberg, welches Wartenberg in Niederbayern zwiſchen Freiſingen und Landshut gelegen iſt — an ſich aber nannte man dieſe Descendenz kurzab die Ferdinandiſche, im Gegenſatz zur Wilhelminiſchen, aus welcher die regierenden Herzoge her= vorgingen.

Im Schild der Wartenberger findet sich der pfälzische goldene, rothgekrönte, gehende Löwe, der Schild selbst ist durchaus in Silber und blau geweckt, der gekrönte Helm hat einen zweifach geweckten, mit Blättern gezierten Flug, in Mitte dessen der pfälzische Löwe sitzt. Das Geschlecht dieser Wartenberger erhielt sich übrigens nicht gar zu lange, sondern starb schon Ao. D. 1736 mit einem achtzehnjährigen Grafen, des Namens Maximilian Emanuel, aus, welcher auf der Ritter=Akademie zu Ettal über einem Pfirsch=kern sein junges Leben verlieren mußte.

Wieder auf jenes erzene Denkmal zu kommen, so ist es gewiß ein rechtes Wahrzeichen, wie viel mächtiger oft die Liebe im Herzen der Menschen sei, als aller zu hoffende Glanz und alle etwaige Hoffnung auf Herrschaft; außerdem aber, insoferne man auf die Zeitläufte und die kriegerischen Thaten des Ferdinand schaut — besonders in Betreff seines Zuges gegen einen sicheren G e b h a r d, welcher gerne Cölner Erzbischof geblieben wäre, aber zu gleicher Zeit verheirathet seyn wollte — ist es gleichfalls ein Merkzeichen, daß die Katholischen da durchaus anderer Meinung waren, und sie sind es noch heute.

So viel von diesem Erzmonumente.

Was aber die erwähnte Sakristei betrifft, so meine ich damit

43stens jene der A l t e n R e s i d e n z = K a p e l l e.

Die ist in einem Umstande recht mahnungsreich, und zwar wegen unseres früheren, vielgeprüften Churfürsten C a r l A l b e r t, der als deutscher Kaiser C a r l VII. hieß.

Dieser kam während seines letzten Feldzuges gegen
Oesterreich Ao. 1744 am 17. Dezember in seine wieder
frei gewordene Hauptstadt München zurück und zog da mit
der Kaiserin, seinen zwei jüngsten Prinzessinnen und dem
ganzen Hofstaat ein, und darauf legte ihm die Stadt Mün=
chen am 26. Dezember den erneuten Eid der Treue ab,
welcher eigentlich ganz überflüssig war, denn bei einem
Bayern versteht sich die Treue ganz von selbst.

Wie dem sei, der Kaiser war da, bewohnte in seiner
bedeutenden Kränklichkeit und bei stets leichter Ermüdung
die Gemächer rechts am Kapellenhof und gab sich der
Hoffnung hin, im kommenden Frühjahre die Oberpfalz und
das Donaugebiet wieder unter sein Regiment zu bringen,
denn diese Landstriche waren noch in österreichischen Handen.

Da ließ der Himmel mit einemmale neue Wolken
heranziehen.

Das heißt, der edle, kaiserliche Herr wurde am 15. Jän=
ner 1745 ernstlich krank und immer kränker, worauf dann
die Aerzte zwar ihr Bestes thaten — aber das Podagra
siegte, und so kam die Zeit der unläugbaren Lebensgefahr
immer näher.

Wie nun der Kaiser das gar wohl merkte, ließ er
sich, heißt es, zunächst an — und Einer, der es wissen
konnte, sagt gar — in die Sakristei der, an seine Gemä=
cher stossenden, Hofkapelle bringen, wo er von seinem Lager
aus auf einen kleinen Hausaltar sehen konnte.

Nächst ließ er am 20. Jänner Morgens seine ganze Fa=
milie zusammen kommen, erklärte seinen Sohn Max Jo-

seph III. für großjährig, nahm von Allen herzinnigen
Abschied, sprach noch etliche Zeit mit den beiden Herzogen
von Zweibrücken, verlangte dann die letzte Oelung,
welche ihm der pästliche Nuntius Stoppani ertheilte —
und um Mittag gab man dem Kaiser eine Goldtinktur, die
ihm so wohl anschlug, daß man sich während ein paar
Stunden Hoffnung auf seine Genesung machte — aber
man täuschte sich.

Und so kam es denn um sieben Uhr Abends doch
zum Scheiden aus dieser Welt, in welcher der edle Fürst
so viel Bitteres für sein wohlvermeintes Recht ausgehal-
ten hatte.

Die, welche in seiner Zeit lebten und von ihm Nachricht geben, sagen, daß er viel Verstand, ein ungemein
gutes, großmüthiges Herz und viel Tapferkeit besessen
habe, daß er über Ergözlichkeiten und große Pracht, welche
er allerdings liebte:

„Denen Regierungsangelegenheiten alle Zeit tapfer
und ausdrücklich vorstand, auch bei seinem keineswegs geringen Aufwand in Finanz und Cameralibus Alles so
wohl in Stand und Gleichgewicht zu halten wußte, als
daß da keine Irrung und zu großes Unverhältniß ersicht-
lich ward. Thät sich auch jeder Zeit, dann ohngeachtet er
gute Räthe um sich hatte, nicht zu ihrem Werkzeug herab;
hinwieder nicht gänzlich geläugnet werden könnte, daß er
dem französischen Minister Chevalier de Chavigny leider
Gott in letzteren Jahren mehr Gehör geben mußte, als

ihm sicher selbsten lieb gewesen. Aber das kam von denen gottsleibigen Kriegsläuften und Allianzen." —

Vielleicht ist es Euch genehm, wenn ich Euch in Kurzem Etwas von des Kaisers Leichenbegängnisse melde.

Das fand am 25. Jänner Abends um 5 Uhr unterm Geläute aller Glocken statt, und dabei trugen abwechslungsweise vierundzwanzig Kammerherren den Sarg.

Vor diesem schritten die Münchener Bruderschaften und Ordensgeistlichen, laut betend und in den Händen brennende Wachskerzen, weiters kamen die Trauermusik, der gesammte, weltliche Clerus, die kaiserlichen Hofkapläne und der Kirchprobst zu U. L. Frauen Franz von Bettendorf in Pontificalibus nebst den Chorherren und Caplänen.

Nach dem Sarg schritten die Edelknaben mit brennenden Wachskerzen und sämmtliche, kaiserliche Minister und Räthe, auch Alle mit brennenden Wachskerzen.

Die Theatiner, wieder so, übernahmen den Sarg am Eingang ihrer fast ganz schwarz ausgeschlagenen Kirche, auf deren Altären überall Lichter brannten, und geleiteten ihn bis zur Mitte zum schwarzen Katafalk, welcher von hundert großen, brennenden Wachskerzen umgeben war.

Auf diesen Katafalk wurde der Sarg gesetzt und auf neun weißen Kissen lagen die kaiserlichen und die churfürstlichen Insignien, sowie der goldene Vließ-, der Georgius- und andere hohe Orden des Kaisers umher.

Als das Requiem gesungen war und dann das Kriegsvolk vor der Kirche am Schwabinger Thor eine dreifache Salve gegeben hatte, wurde der Sarg von acht Kammerherren in den Chor getragen, den kaiserlichen Truchsessen übergeben, vom Probst der Theatiner übernommen, und, nach Ausstellung der Reversalien unter dem Gesang Benedictus Dominus Israel in die Gruft geleitet.

Am Tage nach den eigentlichen Erequien hielt der Hofprediger Hofreiter eine Leichenpredigt, welcher dann eine musikalische Trauermesse folgt, und während derselben machten der junge Churfürst Mar Joseph III., seine Mutter und Geschwister nebst dem ganzen Hof den üblichen Opfergang.

Nun geräth die Rede auf die besagten Gebäude und zuerst auf das, von welchem kaum mehr etliche Spuren vorhanden sind. Damit ist

44stens die Neuveste gemeint.

Es gibt noch immer Manche, welche nicht genau wissen, wie die Burgen in München der Reihe nach entstanden sind, und von wem sie herrühren. Dies könnte ich hier nun ganz genau berichten, wenn ich es nicht im „Plauderstüblein" schon gethan hätte. Aber von der besagten Neuveste allein zu sprechen, so stand sie gerade auf dem jetzt offenen Platze, an welchen die Allerheiligenkirche und die Rückseite der Residenz gränzt, und es ist von ihr schon Ende des vierzehnten Jahrhunderts die Rede. Sie war aber da noch höchst unbedeutend und bestand wohl nur aus einem mäßigen Gebäude, unweit dessen sich ein stattlicher runder Thurm erhob; groß auf wurde sie erst zu Zeiten Herzogs Albrecht des Weisen errichtet.

Dieser merkwürdige Herr verließ dann auch die Ludwigsburg, oder den alten Hof — worin weiters einheimische und fremde Fürsten, die auf Besuch kamen, wohnten, und ein und das andere höhere Amt seinen Aufenthalt nahm, ungerechnet, daß später Albrecht V. seine große Bibliothek darin aufstellte — und bezog die Neuveste, in welcher auch die folgenden, regierenden Herren wohnten, bis sie einst durch Brand litt. Um diese Zeit bezog Churfürst Maximilian I. für einige Jahre einen Theil der Burg, welche sich sein Vater Wilhelm V. erbaut hatte, nemlich der Wilhelms= oder nun Marburg, und ließ sich durch den großen Meister Peter Candit im ersten Drittel des siebzehnten Jahrhunderts ein neues, herrliches Schloß bauen, dessen äußerlich erhaltenen Theil wir die alte Residenz nennen, den anderen erneuerten, veränderten oder ganz neuen aber den Königsbau u. s. w.

Jene Neuveste ist also nicht mehr da, indessen bilden doch die Gebäude zur Linken und Rechten am besagten Platz noch Merkzeichen der nächsten Burgumgebung, obwohl das zur Rechten in neuester Zeit aussen ziemliche Veränderungen erlitten hat.

Nun wende ich mich zu dem Gebäude, wovon in Wirklichkeit gar nichts mehr vorhanden ist, nemlich

45stens zum schönen Thurm, welcher früher am Ende der Kaufingergasse, unweit von der Augustinerkirche, stand.

Es finden sich zwar dort und da und in diversen Büchern Abbildungen desselben und etliche Worte darüber, aber bei allem dem wäre es doch möglich, daß das An=

denken mehr und mehr für's Allgemeine verloren gegangen
wäre, wenn sich nicht Etwas zugetragen hätte, wodurch er
ein richtiges Denkzeichen bekam.

Die Sache ging aber so vor sich.

Als das große Jubiläum des siebenhundertjährigen
Bestandes der Stadt München gefeiert wurde, fiel es einem
tapferen Doctor und Zahnarzte bei, das plastische Bild des
Thurmes anfertigen und an seinem Hause anbringen zu
lassen, und dazu wünschte er von mir etliche Reime, aber
ganz von der alten Art.

Da war ich natürlicher Weise sogleich bei der Hand,
wie derselbige Schulmeister und Stadtpoet, welcher die Reime
für das Bäckerhäuslein im Thal concipirte. Item ich
schrieb die Reime fest auf, gab sie dem Anderen, Der ließ
sie auf zwei große Rollen schreiben, links und rechts am
Thurmgeschnitz aufhängen, und so blieb es allüber die
Festzeit.

Nach dem Fest blieb zwar das Thurmgeschnitz am
Hause, die Rollen aber kamen wieder von der Mauer und
die alten Reime waren nur mehr unter dem Hausthor auf
einer Tafel mit dem Bild des Thurmes zu lesen.

Was geschieht?

Fast gerade über von dem Haus, daran die Reime
waren, befindet sich das ganz veränderte, frühere Ettaler=
haus, von dessen verkommenem Kaiserbild Ihr schon früher
gelesen habt. In diesem Haus an der Ecke hat ein tapferer
Kaufherr sein Gewölbe, und Der dachte sich eines Tages:

Die Erinnerung an Kaiser Ludwig soll hierorts nicht ganz vergehen.

Darauf ließ er ein Bildniß des Kaisers anfertigen, um es an sein Haus anzuheften — als er aber lange fragte, ob er dürfe, wollte die Sache alle Tage weniger vorwärts.

Dieses ließ sich bei dem Kaufherrn so übel an, daß er sich dachte: Wenn man guter Absicht nicht schneller beispringt, ist's auch recht — und wollte die ganze Sache unterlassen.

Wie sich's nun gibt, kam dieser tapfere Kaufherr mit dem Doctor und Zahnarzt zu Rede, darüber gerieth der Letztere in Besitz des Kaiser Ludwig-Bildes, und kaum war es sein, so ließ er es ohne Weiters oder dem von ihm gestifteten Thurmgeschnitz anheften, nächst auch die besagten Reime auf die Mauer schreiben, am Frohnleichnam Ao. 1863 war das ganze neue Denk- und Wahrzeichen vor Augen der Münchner — und siehe da, es ist den beiden Gründern und Stiftern keinerlei Böses widerfahren, weder dem Zahnarzt Meyer, noch dem Kaufherrn Leuze.

Wär' wohl auch recht, wenn uns gar verboten werden wollte, unsere ruhmreichen Fürsten und das Schöne alter Zeiten zu ehren, so thun wir bei Allem freudigen Gehorsam gegen die Bau- und anderen hohen Aemter denn doch nicht.

Damit nun Männiglich das bequem lesen könne, was da neben dem Schönen Thurm Wahr- und Denkzeichen geschrieben steht, will ich die besagten Reime hier folgen lassen:

Hier war einst vor viel hundert Jahr
Die Stadt zu Ende ganz und gar,
Man hieß es da am obern Thor,
Und eine Bruck war auch davor,
Und draußen, daß die Kund' es meld',
Da war zu seh'n ein Haberfeld.

Der Kaiser Ludwig lebte dann,
Der edle Held und deutsche Mann.
Dann ward die Stadt erweitert mehr,
Baut man den schönen Thurm anher,
Verschwand der Graben und die Bruck,
Dem Thurm, dem ward viel bunter Schmuck.

Da war Herold und Zinkenier,
Den Kaiser sah man auch allhier
Und ihm zur Seiten allzumal
Churfürsten in gesammter Zahl,
Und drunten an dem Thurme da
Ein ackernd Bäuerlein man sah.

Doch an dem Thurm zu öbrist war
Die Wetterkugel wunderbar,
Bei gülden Hälst war Sonnenschein,
Bei blauer fiel schlecht Wetter ein,
Was war und ist, in Zeit vergeht,
Gotts Lieb für Bayern, die besteht!

Ueber den Thurm, welcher nun allerdings nicht sogleich
anfangs seinen Beinamen erhielt, aber sicher schon durch seine
Erscheinung bedeutsam wirkte, füge ich hier noch bei, daß man
es also da in allersten Zeiten, als die Stadt hier zu Ende ging,
am „oberen Thore" nannte, dann beim „Chufringer=
thor," daß später — als sich der Raum von da bis zu den

von Herzog Rudolph, dem Bruder Ludwig's, erbauten
Stadtmauern durch die Entstehung der Neuhausergasse
mehr und mehr ausfüllte — der ganze Weg eingeebnet,
weiters der Thurm größten Theils abgebrochen, neu auf=
gebaut und wegen der schönen Malereien der „schöne" ge=
nannt wurde — und so fort, bis man Ao. 1777 die Spitz=
thürmlein wegnahm und Ao. 1807 den ganzen schönen
Thurm vertilgte.

Es gab darüber viel hin und her, aber die eine Par=
tei siegte, indem sie behauptete, er sei baufällig. Das war
gewiß nicht so; sie wollten nur plötzlich nichts schönes Altes
mehr sehen; das ist es — und ich glaube, der Thurm war
noch so fest, daß vielleicht jetzt alle Baumeister miteinander
nicht mehr im Stand wären, einen so festen Thurm zu bauen.

Nun komme ich wieder auf verschiedenes Andere zu
reden, und zwar zuvörderst

46stens auf einen Denkstein, welcher keineswegs a l t,
ja, während ich dies schreibe, noch gar nicht d a ist, aber
hoffentlich bald, und zwar mit einem getreuen Bildniß ge=
ziert, da seyn w i r d.

Das trifft auf das Haus Nr. 12 in der Kaufinger=
gasse.

In diesem, gerade über dem großen Kaufgewölbe,
wohnte vierzig Jahre lang unser Geschichtschreiber L o r e n z
v. W e s t e n r i e d e r.

Was Treffliches dieser edle Mann, oft unter den
größten körperlichen Leiden, schrieb, welchen wohlthätigen
Einfluß auf Staat, Kirche und bürgerliches Leben er seiner

Zeit ausübte und welchen musterhaften Charakter er besaß, das kann von uns Bayern nicht genug erkannt werden. Ich meine deßhalb ganz recht zu thun, wenn ich etwas Näheres von ihm melde; nichts von seinen Werken, die liegen vor aller Augen, sondern Einiges, was seine Herkunft, seine Freunde und sein Scheiden von hienieden betrifft, und ich halte dieß für um so mehr begründet, als vor seinem Standbild sich Mancher von einer ähnlichen Frage angeregt finden mag.

Also, am 1. August 1748 sah der Westenrieder zu München das Licht der Welt. Sein Vater war ein ehrsamer Kornkäufler mit Namen Christian, seine Mutter hieß Margreth, und zu St. Peter ging der Lorenz Westenrieder in die Schule.

Als er in diesem Alter war, starb der Christian, und der Westenrieder bekam einen Stiefvater, der aber einer von den Besten war, so daß er den Knaben wohl hielt und fort und fort lernen und studiren ließ, bis Der in die weiteren Jahre kam — und Ao. 1771 am 6. Oktober im Dom Unser Lieb Frauen Primiß hielt.

Nächst fing der Westenrieder als geistlicher Herr kleinweise an, bis er es in viel späteren Zeiten, als Ao. 1807 zum geistlichen Rath und Ao. 1821 zum Domcapitular brachte — in eben dem Jahre, in welchem, zu Folge einer Uebereinkunft zwischen König Max Joseph, und dem pästlichen Stuhle, die, achtzehn Jahre früher aufgehobenen Bisthümer mit ihren Kapiteln wieder hergestellt wurden.

Weil dessen eben Erwähnung geschieht, will ich bei-

fügen, daß der zum Erzbischof von München und Freising
ernannte Freiherr Anselm von Gebsattel am 1. No=
vember genannten Jahres in der Michaelskirche durch den
päbstlichen Nuntius, Prinzen Serra Cassano, zum Bi=
schof geweiht wurde und am 5. seinen Einzug in den Lieb
Frauen Dom hielt.

Doch wieder auf Westenrieder zu kommen, so war er
unter den Mitgliedern der von Churfürst Max III. ge=
gründeten Akademie der Wissenschaften in seinen letzten
Lebensjahren der Aelteste.

Daß er von Alten, die ihn näher kannten, geliebt und
geehrt war, versteht sich von selbst — seine eigentlichen Freunde
aber waren der gelehrte Pfarrherr von Engelbrechtsmünster,
Antonius Bucher, der tüchtige Historikus Lorenz
Hübner, die bayerischen Geschichtsforscher Roman Zirn=
gibl und Hermann Scholliner, der Ingolstädter
Bibliothekarius Joseph Oeggl, der Priester und Schul=
rektor Hueter zu Straubing, der eben so gründliche, als
stets froh gemuthete Antonius Nagel, Pfarrherr zu
Marching und endlich sein Verleger, der verdienst= und
charaktervolle J. B. Strobl zu München.

Wie nun nach Verlauf vieler Jahre und nach vielen
trefflichen Bewährungen und Leistungen der Westenrieder
ganz alt war und eines Tages mit dem noch älteren Gra=
fen Preysing von Moos sprach, so sagte Der:

„Ich reis' jetzt in's Wildbad Gastein und feier' dort
mein Badjubiläum, denn ich geh' jetzt nicht weniger, als
vierzig Jahre jeden Sommer hin."

Darauf sagte der Westenrieder:

„So lange geh' ich noch nicht hin, aber doch schon vierundzwanzig Jahre hindurch jedes Jahr, und im künftigen feiere ich dann mein fünfundzwanzigjähriges Badejubiläum."

Darauf sagte der Preysing: „Das ist nicht so viel, wie das meinige, aber ist doch was."

Als sich nun der Westenrieder auf das Jahr 1829 schon des Besten versah, war vom Himmel ganz etwas Anderes über ihn beschlossen worden.

Denn er erkrankte — und nach vier Wochen, am 15. März, war seine Seele von dannen.

Auf diese Botschaft hin war man aller Orte betrübt und begab man sich in Menge über die drei Treppen hinauf, um den „edlen Westenrieder" noch einmal von Angesicht zu Angesicht zu sehen, welchen der damalige Besitzer des Hauses in herzlicher Verehrung so lange, als möglich, also auch im Tode beherbergen wollte. Dazu hatte er den offenen Sarg auf einen schönen Katafalk mit vielen Lichtern und Blumenstöcken bringen und das Gemach, worin er stand, schwarz ausschlagen und mit Wandleuchtern versehen lassen.

Am 18. März Nachmittags vier Uhr kam das Metropolitankapitel und das geleitete den Verlebten unter Fackelschein und Posaunenschall zur letzten Ruhestätte.

Der Zug ging durch die Kaufinger-, Rosen- und Sendlingerstraße.

Viele Mitglieder der Akademie der Wissenschaften und der Universität, viele hohe Staatsbeamte, der ganze Rath der Stadt, der Clerus der drei Stadtpfarren, die Alumnen, eine Menge Bürger und Andere schritten mit — und so trugen sie ihn fort und hinaus, den Mann mit seinem biederen Bayerherzen und senkten ihn in's Grab, zur Linken nächst dem Anfang der Bogengänge des großen Friedhofes.

Der Domdechant Heckenstaller segnete ihn ein und hielt ihm eine schöne, rührende Grabrede.

Im Gemach, in welchem Westenrieder verschied, ward vom damaligen Besitzer des Hauses des Verlebten Büste angebracht, welche vom heutigen gleich hoch in Ehren gehalten wird, und wer immer da wohne, hat die Verpflichtung, sie zu belassen und zu bewahren.

Noch ein Wort über Bildnisse von Westenrieder. Das eine als Medaillon in Metall veranlaßte sein Freund und Verehrer J. B. Strobl. Dieses Medaillon ließ er von Scheufele in Stahl schneiden. Auf der einen Seite ist Westenrieders Conterfei, auf der anderen liegt in Wolken mit der Posaune des Ruhmes ein offenes Buch. Die Aufschrift ist:

Lor. Westenrieder.

Natus Monachii. I. Augusti.

MDCCXXXXVIII.

Historiae Boicae Scriptori.

Johann Bapt. Strobl, civis et Biliopola

Monacensis

Fieri. Curavit. MDCCLXXXVI.

In diesem letztgenannten Jahr gab nemlich Westenrieber seine Geschichte von Bayern zum Gebrauch des gemeinen Bürgers und der bürgerlichen Schulen in einem Bande heraus, welcher dann Ao. 1798 ein Abriß der bayerischen Geschichte als ein Lehr= und Lesebuch folgte.

Gemalte Bildnisse Westenrieder's gibt es nur drei.

Dasjenige von Moriz Kellerhoven, welches sein mildernstes Wesen am besten ausdrückt und sich in Kupfer gestochen auch in den Historischen Beiträgen befindet, besitze ich selbst.

Zu dem Bildnisse schaue ich gar oft und lange und denke mir: Ja, Der ist ein rechtes Wahrzeichen der Ehren= haftigkeit, der Unermüdlichkeit im Guten und der Liebe für unser schönes Vaterland!

Und nun wieder zu merkenswerthem Alten — wohin? Noch einmal zur Hofkapelle der alten Residenz.

In dieser wurde von je, zur Erinnerung an einen besonders Gottbegeisterten und in den Glaubensstreitzeiten für den Kaiser und die Liga glühenden Mann der Kirche,

47stens das Bildniß des Karmeliters Dominicus a Jesu Maria aufbewahrt, welchem ein wesentlicher Ein= fluß auf die Pragerschlacht zugeschrieben wurde, indem er unserem damaligen Herzog und dann Churfürsten Mar I. und dem ganzen Kriegsvolk mit dem Kreuz Christi in hoch erhobener Hand so heilig begeistert zusprach und aller Orte todverachtend voranging, daß Keiner am vollkom= mensten Sieg zweifelte.

Da die Rede so eben wieder auf unseren großen Chur-

fürsten Max fiel, möchte es wohl Manchem lieb sein, zu
erfahren, wo sich denn die getreuesten Bildnisse desselben,
abgesehen von seiner herrlichen Reiterstatue auf dem Wit-
telsbacherplatze, vorfinden, namentlich auch, wie er in verschiedenen Lebensaltern ausgesehen habe.

Da kann ich wohl Bescheid geben.

Als Kind ist er auf das getreueste am Ende des
kleinen Familien = Conterfei = Buches seines Vaters Wilhelm V. dargestellt, welches Buch im Saal des sechzehnten Jahrhundertes im bayerischen Nationalmuseum bewahrt
wird; als kühn und festschauender junger Mann kann man
ihn im breiten Vorplatz der alten Residenz, zur Linken
nächst den Steinzimmern, sehen, wenn man über zwei Treppen vom Kapellenhof heraufkömmt — nebenbei gesagt, findet man zur Rechten von diesen Steinzimmern, im schmä-
leren, reichverzierten Corridor, die Wappen sämmtlicher bayerischen Städte — als älteren Mann sieht man ihn im Ein-
gangssaale der alten Pinakothek, zur Rechten.

Nun gab es oben Bericht von Begeisterung und Vertrauen auf das allen Christen heiligste Wahrzeichen.

Wieder ein anderes des gläubigen Zutrauens ist

48stens das geschnitzte, wunderthätige Muttergottes-
bild in der Herzogspitalkirche.

Dieses Bild hat ein sicherer churfürstlicher Baumeister
und Bildhauer des Namens Tobias Bayer verfertigt,
dessen Conterfei man in der Sakristei genannter Kirche
bewahrte, und als Churfürst Max III. an sein Ende kam,
wollte er, daß man ihm das Marien=Bild an sein Krankenbett

trage. Das geschah auch, und weil jener Fürst unsäglich
geliebt war, so warfen sich die Menschen, schreibt Einer,
welcher dazumal lebte, auf dem ganzen Wege der Ueber=
tragung auf offener Straße nieder und flehten zum Himmel
um Erhaltung ihres theueren, väterlichen Herren.

Wie hier Vertrauen zu Tag kam, so ist etwas An=
deres da, welches herzinnigliche Demuth anzeigt, nemlich
in der Michaelskirche, gerade über vom schönen Denkmal
Herzogs Eugen, des Vicekönigs von Italien —

49stens der einfache Grabstein Herzog Wilhelms V.,
des Erbauers genannter Kirche. An diesem Grabstein be=
findet sich ein erzener Engel mit einem Weihwassergefäß,
und die Grabschrift, hinlänglich die Unterwerfung unter
Gottes Gerechtigkeit und die Sehnsucht nach Vergebung
jeder Seelenschuld ausdrückend, lautet einfach:

Commissa mea pavesco, dum veneris
   judicare, noli me condemnare.

Den Chor der Michaelskirche betreffend, mag hier
nebenbei bemerkt sein, daß am Rande desselben ursprüng=
lich jene zwei erzenen Löwen gestanden sein sollen, welche
sich vor der alten Residenz befinden.

Nun will ich an etwas Anderes erinnern, was
übrigens, wer weiß, wie bald, nicht mehr da sein wird,
das ist

50stens der Erkerthurm des Regierungsgebäudes
am Marktplatz. Er ist deshalb merkenswerth, weil von den
vielen, hoch vornehmen Personen, welche früher zur weltbe=
rühmten Frohnleichnams=Prozession gen München kamen,

die Aelteren da herabschauten, während die Jüngeren und Kräftigeren an dem, überaus lange Zeit währenden, Zug Theil nahmen; und zwar sollen da auch gelegentlich Fürstinnen dabei gewesen sein, ihre Demuth an den Tag zu legen. Die Hauptsache bei diesem Erker ist aber, daß der treffende regierende, bayerische Herzog oder Churfürst, welcher das Sanktissimum begleitete, an demselben aus einem vom Bürgermeister gebotenen, silbernen und mit Wein gefüllten Pokal trank, was einerseits als Ehrentrunk galt, andrerseits eine Anspielung auf das Blut Christi in sich barg.

Weil nun, wie gesagt, große Gefahr da ist, daß der Erkerthurm nicht gar zu lange mehr stehen dürfte, wollte ich dieß bemerkt haben; wer weiß, denkt dann später doch Mancher noch daran, wenn er auf seinem Weg zum Marktplatz an die Ecke der Dienersgasse kömmt, und es wäre doch unrecht, wenn er fast gänzlich vergessen würde.

So wissen jetzt von noch so Vielen kaum Etliche mehr, was es auf dem Mar Joseph-Platz Nr. 12 mit der Thüre des dortigen Verkaufgewölbes gewesen sei. Diese Thüre oder dieß Thor war aber

51stens der Eingang in das uralte Bittrich oder Püttrichkloster.

Nun ist gar wohl bekannt, daß Herzog Albrecht IV. oder Weise des deutschen Kaisers Friedrich III. schöne Tochter Kunegunde ohne dessen Wissen und Willen zur Gemahlin nahm, und daß daraus viel Zwist entstand, bis sich der Kaiser zufrieden gab, und dann die fürstlichen Eheleute endlich ungestört glücklich miteinander leben konnten.

Ao. Dom. 1508 starb nun der Albrecht.

Da wohnte die Kunegunde den Exequien ihres theueren Gemahles in tiefster Kümmerniß zu U. L. Frauen bei, dann fuhr sie weg, ließ beim Bittrichkloster anhalten, läutete an, ging hinein, und als sie im Kloster drin war, ging sie nimmermehr heraus — ein oder zweimal ausgenommen — als es ihr eine oder die andere Angelegenheit durchaus zur Pflicht machte.

Nun meine ich, daß die fragliche Thüre oder das Thor gewiß ein merksames Wahrzeichen edlen Schmerzes und der Freudenlosigkeit an der ganzen Welt sei; und wenn ich auch nicht zweifle, daß es noch viele Gesponsen gebe, welche der Verlust ihres Gemahls so weit treiben könnte, so durfte ich doch sicher da nicht schweigen, wo die alte Zeit ein rührendes Beispiel aufweist.

Weil ich übrigens kurz vorher wieder von der Frohnleichnams-Prozession sprach, so will ich mich zu Dingen wenden, welche jeder Zeit als tüchtige Kenn- und Wahrzeichen fromm kirchlicher Verbindungen galten.

Damit meine ich

52stens die Standarten der Bruderschaften, deren zu München früher viele entstanden — als die Congregation der Gesellen, der Herren Bürger, die des heil. Isidors, eines Bauern, der hl. Nothburga, einer Dienstmagd, die Engelbruderschaft, die der sieben Schmerzen Mariä, die des St. Maurizius, der Maria Magdalena, die Erz-

bruderschaft des hl. Michael, die des hl. Lorenz zur Er=
lösung der Seelen, die lateinische Congregation, die Cor-
poris Christi=Bruderschaft, die des St. Johann Nepomuck,
die Altöttinger=Madonnen=Erzbruderschaft und die des hl.
Martyrs Georg.

Wie Einzelne dieser Bruderschaften auf die Kunst
Einfluß ausübten und so schöne Merkmale derselben für
die Nachwelt ermöglichten, kann man am Besten betreffs
der Congregation der Herren Bürger wahrnehmen,
welche sich nach der Bestätigungsbulle Papst Gregor XIII.
Ao. 1584 mit der lateinischen vereinte und Ao. 1610 als
besonderer Marianischer Bund auftrat.

Diese Congregation erkaufte nemlich Ao. 1710 unter
Mithilfe von bürgerlicher Beisteuer drei Häuser, das eines
Frhrn. von Lerchenfeld und zwei eines Rechtsanwaltes
Biedermann, erbaute den „Bürgersaal" in der Neuhausergasse, berief dann den berühmten Tiroler Maler Knoller
und trug ihm auf, die Himmelfahrt Mariä an die Kirchdecke
zu malen, welches Bild noch heute von Allen bewundert
wird. Auch wurde der Landschaftsmaler Beich beauftragt,
die bayerischen Wallfahrten für diese Kirche zu malen, und
es heißt, dieser treffliche Meister habe in Betreff dieser
Bilder zum Zweck des Ganzen einen so geringen Preis
verlangt, daß man eben sowohl sagen konnte, er habe
nichts als seine Auslagen bekommen und somit seine Bilder
gewißermaßen als Wahrzeichen seiner Opferwilligkeit zur
Verehrung Mariä dargeboten.

Soviel von oft kindlich schön gemalten Standarten

und meisterhaften, großen, kirchlichen Gemälden. Des und jenen Bildes oder einer Inschrift an Häusern wurde auch schon Erwähnung gethan — und das kann hier wiederholt geschehen.

Von den etlichen schönen, biblischen Vorstellungen, zum Beispiel an ein paar Häusern in der Kaufingergasse ist freilich ganz Umgang zu nehmen, da sie durch ihren hohen Sinn für sich selbst sprechen.

Was aber ein paar andere betrifft, nemlich

53stens die zwei Wandbilder zur Rechten, un= mittelbar nach dem Eintritt in das Thal, vom Raththurm her, so sind sie im Ganzen nur allgemeine Abbildungen der Tracht= und Gewerbeübung früherer, wie noch jetziger Zeit — und wenn auch das eine von der in das Spiel kommenden Innung, das Andere glaublich von einem hier zum Bürger Aufgenommenen gestiftet wurde, was Beides ganz wohl anerkannt wird, so ist doch das erste Bild vom Rathhaus her das bedeutendere, indem das Gebäude, welches man da in der Ferne der Landschaft sieht, die alte Burg Unter= Wittelsbach vorstellen soll.

Vom Bilde auf dem, in reichst alter Weise wieder hergestellten, Raththurm darf ich hier im Grunde nichts erwähnen, weil es nicht zu den alten Wahr= und Denk= zeichen Münchens gehört — aber so viel denn doch, daß es der Zukunft als ein solches gelten und andeuten wird, es habe dem wohlweisen und fürsichtigen Rath der Stadt, dem Himmel Dank, nicht an Geld gefehlt, um dem vielen Nützlichen auch das Schöne zu verschwistern.

Noch etwas Weiteres von Bildern, so sind — abgesehen von den im kleinen Rathhaussaale und in der Pinakothek befindlichen Ansichten der Plätze und Straßen des älteren Münchens, gar sehr merkenswerth die uralten Fürstenwandbilder, welche man vor etwa zwölf Jahren im „alten Hof" oder der „Ludwigsburg" entdeckte. Jeder, welcher durch das Thor nächst dem schönen, oben und unten spitzen Erkerthürmlein eintritt und sich in den Vorplatz hinauf begibt, kann sie leicht finden. Es sind dieß übrigens nur etliche von einer ganzen Reihe fürstlicher Gestalten nebst Inschriften, mit welchen der, früher wohl ganz anders beschaffene, Vorplatz geziert war. Die Holzsäule, welche dabei aufgepflanzt ist, schreibt sich aus der ganz alten Angerkirche her.

Nun habe ich aber

54tens weiter oben versprochen, über ein paar Räder im bürgerlichen Zeughause zu berichten.

Die Sache war in Kurzem so:

Ao. 1709 waren in der St. Jakobs-Vorstadt zu Augsburg Etliche beieinander, dabei ward erzählt, daß vor siebenzehn Jahren ein Wagnergeselle zu Dasing am frühen Morgen ein Wagenrad gemacht und es denselben Tag noch bis Dachau getrieben habe.

Das ward bezweifelt, und der Wagnermeister Johannes Guttmann von Lechhausen behaupte:

„Er sei selbst dabei gewesen und er wolle das Stück desgleichen ausführen von Lechhausen aus gen München."

Das wollte der Hutmachermeister Christian Ulber

nicht glauben, wettete dreißig Gulden, der Andere ging ein, und die Probe ward auf den zwanzigsten Junius anberaumt.

Ueber ein paar Tage reute denselbigen Hutmacher seine Wette, der Wagnermeister stand aber nicht ab, der Andere zürnte und sagte ihm Böses nach, so daß ihn der Wagnermeister beim Bürgermeister verklagte, und da wurde in Allem zu des Letzteren Vortheil entschieden. Nächst spreizte sich der Hutmacher auf's Neue und bot eine Abfind= ungssumme von 10 fl. Der Bürgermeister wollte auch, daß die Sache unterbleibe, worauf sich der Wagnermeister beim Notarius Simon Peter Rathe erholte, und Der sagte: Er sollte sich nur nicht irre machen lassen, der Ulber habe einmal gewettet, und der Bürgermeister könne sagen, was er wolle — warum habe er zuerst günstig entschieden.

Also war der Guttmann ganz getrost, wartete den zwanzigsten Junius ab, da stand er ganz früh auf, es fanden sich nebst vielen Anderen zwei Handwerks=Zeugen seiner Arbeit ein, Die waren auch Wagnermeister, Namens Franz Schmucker und Andreas Bloß, welche ihm das Holz darreichten, und so fertigte er in seiner Hausflur ein hinteres Wagenrad. Um sieben Uhr war er schon fertig, dann ging er zur Messe, und über den Guttmann und das Rad ward der Segen gesprochen. Nächst trat der Gutt= mann die Reise an, beim Wirth Hans Jakob Weber gab's noch ein Valet mit dem Humpen und hierauf trieb der Andere sein Rad weiter, wobei ihrer Viere von Augs= burg mitritten, der Seehofer, Greimbob, der Kutt=

ner und der Rechelhammer. Zu Friedberg ward beim Brauer Hieber zugekehrt, und das Rad-Abentheuer nahm die Leute unglaublich ein, so daß der Friedberger Krämer Veit Hörman gar per pedes apostolorum mit fortlief, als es mit dem Rad wieder voran ging.

Er wird sich indessen schon gestärkt haben, denn der Guttmann und die vier Reiter sprachen auf dem Wege noch achtmal zu, wo ein Wirthszeichen war. Trotz des vielen Pocultrens kam aber der Wagner Guttmann doch lange vor der Thorsperre zu München an.

Da hatte man schon Bericht, und war viel Volkes versammelt, das ihn zum Hofmeister Brauhause, dem jetzigen großen Gasthofe zur Linken, wenn man von dem Neuhauserthor hereinkömmt, geleitete, und dort empfingen ihn die Münchner Wagner, an ihrer Spitze Meister Marx Holzmiller und Philipp Meister — der Altgeselle Clemens Albrecht aber gab ihm voll Freuden Glücks= wünsche und Willkomm mit einer großen, bändergezierten Zinnkanne.

Nächst ging es in die Labstube hinauf, da ward ban= ketirt, den nächsten Tag gab der Guttmann dem Rath genauen Bericht über die ganze Sache, wieder am nächsten Tag mußte der Guttmann das Rad in die Residenz treiben, wo es der damalige kaiserliche Landes=Administrator Graf Lö= wenstein Wertheim betrachtete, mit dem Meister sprach und ihn beschenkte, gleich wie es der Rath gethan hatte, nachdem selbstverständlich ein Zeugniß richtiger Ankunft ausgestellt worden war. Drauf blieb der Guttmann noch zwei Tage zu München, ward von der Genossenschaft gut traktirt, sie gab ihm ein weiteres Zeugniß, kaufte ihm zudem das Rad ab, ließ es vergolden und hing es in der Labstube auf, der Guttmann aber kehrte ruhmgekrönt nach Lech= hausen zurück.

Insoweit wäre nun das Abentheuer mit dem Rade ganz gut abgelaufen.

Aber über die Wette von dreißig Gulden ward dann ein zehnjähriger Prozeß los, welcher „viel Verdruß und große Unkösten" verursachte. Es kam gar dahin, daß der Gutt= mann leiblich hart angegriffen und so fast verletzt ward, daß er Zeitlebens ein Gebresten, als „einen krumben Fuß davon trug, herentgegen ob seinem Feind den Hutmacher Ulber, die Reichsacht verhängt ward."

So ist die Sache mit dem Rath beschaffen gewesen, der Guttmann aber hatte trotz seines krumben Fußes später noch einmal Lust, ein Rad gen München zu treiben, das vollführte er auch tapfer, und dieß letzte, wie das erstge= nannte wurden dann für weiters im bürgerlichen Zeughaus aufbewahrt.

Nun war von Kirchen und manchem daran und darin fromm= oder anders Mahnungsvollen schon mehrmals die Rede. Es ist aber eine andere Kirche bemerkenswerth, weil sie mit politischen Zeitlagen in Verbindung steht, und diese ist

55stens die heil. Dreifaltigkeitskirche unweit vom Maximiliansplatz, mit ihrer außen befindlichen Dedi= cation von Seite der drei »status boici« und den Ge=

dächtnißtafeln links und rechts unter der Orgel. Sie ist eine „Votiv- oder Gelübdekirche," indem man zu Anfang des achtzehnten Jahrhundertes den Himmel bat, drohende Kriegsgefahr abzuwenden. Nun traf zwar in dem ersten Jahrzehnt von Ao. 1700 bekanntlich manches Böse ein; es hätte aber wohl noch schlimmer sein können. Somit fühlten sich die Votivsteller gleichwohl veranlaßt, ihr Wort zu lösen, und so wurde die herzliebe und besonders in ihrem Innern fromm anmuthende Kirche auferbaut, wie sie noch jetzt vor Augen steht.

Unweit dieser Kirche gegen den Maximiliansplatz her und schräg herüber von der Wilhelms- oder Marburg, stand das churfürstliche Ballspiel oder Ballhaus.

Wenn nun dieß auch heut zu Tage noch stünde, schiene es allerdings nur ein bauliches Merkmal früherer Belustigungsart.

Aber es ist da doch etwas Anderes im Spiele.

Nemlich im weiten Saal dieses Hauses schlug der Schwedenkönig Gustav Adolph Ao. 1632 höchst eigener Hand mit seinen Kriegsobristen und etlichen anderen, vornehmen Herren, welche mit ihm in München eingezogen waren, Ball und zeigte sich überaus geschickt.

Dabei sah Friedrich von der Pfalz, genannt der Winterkönig, dessen Krone Churfürst Maximilian, wie Ihr wißt, in Besitz bekommen hatte, zu und soll in Schadenfreude gesagt haben:

„Er war in Prag — und wir sind jetzt in München — sein Glück war Federspiel!"

Darauf soll der Gustavus gesagt haben:

„O mein Fritze, das ist's noch! Helf uns Gott in unserem Ziel, daß wir nicht das Glück hinschlagen und Er uns das Unglück zurück!"

Darin hatte er richtig gesprochen.

Denn über nicht gar zu lange Zeit kam es zur Schlacht und da fiel der Gustav Adolphus.

Nächst will ich noch recht aufmerksam machen

56stens auf den Grabstein des Pfarrers Erfin= ger zur Linken unter der Orgel von St. Peter.

Denn dieser Stein ist ein wahres Zeugniß guter Kunst so früher Zeiten. Uebrigens ist aber zu wissen, daß dem be= sagten Erfinger Herzog Albrecht V. oder der Weise äußerst befreundet und gewogen war und dessen stets mit Weis= heit gegebenen Rath gar oft in den wichtigsten Dingen befolgte, während er sich außerdem eben nicht viel einreden ließ.

Dieser für Bayern, durch die Festsetzung der Primo= genitur allein schon, so wichtige Herzog wurde, wie Ihr wißt, im Lieb=Frauen Dom begraben.

Nun meine ich beinahe, es sei Dem oder Jenem viel= leicht ganz lieb, wenn er etwas Näheres von dem späteren, großen Gedenk=Trauergottesdienst für denselben im genann= ten Dome erfährt, um so mehr, als früher der Herzogin Kunegunde und ihrer Hinfahrt zum Pittrichkloster, nach stattgehabten Exequien ihres Gemahles, gedacht ward.

Es sei deshalb Einiges angedeutet, das Mehre aber soll eine Scriptur aus alten Zeiten wortwörtlich besagen, welche Einer unter dem Titel: „Herzog Albrecht IV. in Bayern hochlöbliche Gedächtnus Leichenbegängnus Ao. D. im neunten Jar" (1509) abfaßte.

Also zu fraglichem Trauergottesdienste waren „geboten:"

Kaiser Max I., der Freund und Schwager des Dahingeschiedenen, zwei Churfürsten, eine Menge Herzoge, Land- und Markgrafen, Grafen, Freiherrn und Ritter, weiters der Erzbischof von Salzburg, die Landesbischöfe, Prälaten, Pröbste und Aebte, dazu die Kapitel von Salzburg, Eichstett, Augsburg, Freisingen und Passau, wie auch der Rath der verschiedenen Städte bis weithin.

Von diesen kamen schon Sonntag vor Sebastian Ao. 1509 eine Menge in eigener Person, während die Anderen sich durch Mehre oder Einzelne vertreten ließen — so der Kaiser Maximilian, welcher den Domdechant Zillenhardt von Augsburg und den Ritter Adam von Freundsberg oder Fronsberg schickte — im Ganzen waren es weit über die zweihundert fürstliche und andere, geistliche und weltliche Herren — ungezählt den großen Begleit. Wie denn der Markgraf Friedrich von Brandenburg mit 180 Berittenen ankam, der Erzbischof von Salzburg mit eben so vielen, und Herzog Ulrich von Würtemberg gar mit 380, die Bischöfe von Eichstett, Augsburg, Freisingen und Passau, mit 80, 70, 55 und 50 derselben, und zu alle dem trafen noch über die achtzig hohe · geistliche und weltliche hohe Herren „ungefordert" ein.

Mittlerweile war Unser Lieb-Frauen an den Hauptorten mit „gutem schwarz wollen Tuch" bedeckt und mit weißen

Kreuzen und Schilden Land Bayerns versehen. Die Bahre, mit „schwarzem gutten sammt bei vierzig Ellen lang über-hängt" — darauf ein dreifaches Kreuz mit goldenen Blumen — wurde da aufgestellt, wo jetzt das Kaiser Ludwigs Denkmal befindlich ist, das „Hochgrab" oben im Chor ward mit schwarzem Tuch verhüllt, und als es zur Feier ging, brannten auf und ab über sechshundert „pfünden wäch-sen Kerzen," ungerechnet die vielen hunderte Wachskerzen der Klagenden.

Den Einzug eröffneten Paarweise

„fünfzig Haus Arme Menschen in langen schwarzen Röcken und Klag-Kappen, der jeder ein lang groß Staab-licht eines Pfunds schwer Wachs mit anhangenden bayeri-schen Wappen in seinen Handen getragen hat."

Dann kamen Grafen, Ritter, Hofmeister und Hoffrauen, welchen dann die Herzogin Kunegunde folgte, vom Graf von Ortenburg und Hans von Pfeffenhausen geführt — während die zwei Töchter Sibilla und Sabina, je den Johannes von Lottern, Johannes von Aichberg, Herrn zu Hals, und vom Wolf von Frauenberg, Herrn zu Haag und Hieronimus von Stauf auf Ernfels zum Begleit hatten.

Hierauf folgten eine Menge Grafen, Freiherrn und Ritter.

Nun kam

„der Herold in seinem Klagrock und Kappen mit einem langen braiten Zipfel, hatt seinen Wappenrock am Armb tragen, seinen Staab gegen die Erd gesenkt zu einen

Zeichen, daß weyland seines Fürsten und Herrn Gewalt Tod sey" —

darnach kamen die Fürsten und Botschafter, ein großer, Achtung gebietender Zug.

Der theilte sich dann nach den zwei Seiten des Domes. In der Mitte blieben die Herzogin Kunegunde, ihre Damen und edlen Jungfrauen, wie auch die aus dem Land umher Entbotenen in eigenen Betstühlen knieten — hinter ihnen „sechzig erberger Frauen und Jungfrauen von den Geschlechten zu München, darnach bei vierzig geregelter Betschwestern — im Chor sind gestanden die Aebbt und Bröbst von der Landschaft mit ihren Infuln und pontifikalien und zunächst unterhalb der Par ist gestanden

der Herold in seinem Klagrock."

Also hob die Feier an,

und „das erste Amt hat gesungen:

Herr Philipps, Pfalzgraf bei Rhein, Herzog in Bayern, Bischof zu Freising, und seine Diener waren Graf Jörg von Ortenburg, evangelier und Herr Degenhard von Weichs, epistler — das änder Amt hat gesungen Herr Leonhard Erzbischof zu Salzburg, sein Diener waren der Bischof von Chiemsee, evangelier, und Herr von Trautmannsdorf, epistler."

Beim Opfergange war die Ordnung so:

Zuerst opferte der Herold einen Guldenen Ducaten, welchen Herzog Albert Ao. 1500 hatte schlagen lassen.

„Nach ihm zween Klagbrüder mit brinnenden Staablichtern."

Solche „zween Klagbrüder" begleiteten auch die nächst folgenden, als den Ritter Sigmund von Rorbach und Wendl von Haunburg, nach denen Graf Christoph von Ortenburg das Pannier trug, dann den Johannes von Degenberg, welcher das Schwert trug, den Hieronimus von Stauf, welcher den Schild, wie auch den Hofmeister Gregor von Eglofstein und Wolfgang von Frauenberg zu Haag, welche den Helm trugen.

„Darnach seind sechs Roß mit schwarzen wullen Tuch bis auf die Erd bedeckt und durch die hernach Genannten um den Fronaltar gangen und gefirt worden; hat jeglichs drei wächsene brinnende Kerzen an der Stirn stehend, darunter auch an beiden Seiten jedes ein Schild des Baierlands gehabt.

Das erste Roß haben gefiert Graf Franz von Pasing, Graf Wolf von Montfurt. Das ander Roß Graf von Urych und ein junger Herr von Lichtenstein. Das dritte Roß Herr Dätzko, Würfel genannt, ein böhmischer Herr und Herr Christoph von Laiming, Ritter. Das vierdt Roß Herr Hanns von Closen, Ritter und Herr Bernhard von Seiboltstorf, Ritter. Das fünft Roß Herr Wilhelm von Paulstorf, Ritter und Herr Wolf von Weichs. Das sechste Roß Herr Peter von Altenhausen und Herr Kaspar Winger, Ritter."

Nach diesen kamen vier vornehme andere Herrn, denen dann der kaiserliche Botschafter, die Herzoge Wolfgang, Bruder des Albertus und Wilhelm, des Letzteren älterer Sohn nebst einer langen Reihe von Herzogen, Land- und Markgrafen, Aebten, fürstlichen und Städte-Abgeordneten, darunter der edle **Willibald Pirkheimer**, Rathsherr von Nürnberg und des großen Meisters **Albrecht Dürers Freund.**

Hierauf folgten die Abgesandten von acht Städten im Land, Diesen eine Menge anderer Botschafter, Grafen, Ritter und Edelleute, hierauf die Prälaten in Pontificalibus, die Pröbste, Dechanten und das Kapitel Unser Lieben Frauen, nächst folgten sechs Ritter Land Bayerns, diesen folgte Ritter **Hieronimus von Seiboltsdorf** mit einer großen brennenden, mit hundert rheinischen Gulden besteckten, Wachskerze — nach allen Diesen erst ging die Herzogin **Kunegunde** und nach ihr die gesammte Zahl der Fräulein und Frauen zum Opfer.

Ich habe das ausführlicher berichtet, damit Jeder erkennen möge, wie es bei solchen fürstlichen Trauerfällen früherhin gehalten worden sei. Dem Allen füge ich nur bei, daß unter dem Amt ein Pater Augustiner die Predigt hielt, welche sich über das ganze Leben und die Verdienste Albrecht des Weisen verbreitete und auch vieler Fürsten aus dem Haus Bayern und Habsburg gedachte, die früher dahingegangen waren und dem Gebet der Christen empfohlen wurden — und daß nach Ende des Trauergottesdienstes die Herzogin **Kunegunde** wieder in ihr Püttrichkloster von dannen fuhr.

Die Fürsten, jungen Fürstinnen und alle anderen Vornehmen, Christlich und Weltlich, kehrten dann in gleicher Ordnung, wie sie gekommen waren, in „die Neuveste," zurück, die jungen Fräulein und die Dienstfrauen aber begaben sich in den „alten Hof" oder in ihre Herbergen.

Damit könnte ich schliessen.

Weil aber nach dem Morgenmahle und Trauergottes=dienste um ein Uhr Mittags für die Fürsten, fürstlichen Botschafter und Räthe in der „Neuveste," und zwar an vier Tischen, Hoftafel gehalten wurde — die Uebrigen Alle wurden in den Herbergen „mit aller Notturft heimgespeist," das heißt, dortselbst aus der herzoglichen Hofküche bedient — so möchte ich doch noch Etwas hinzufügen, nemlich den Speisezettel. Wer weiß, ist damit Manchem und Man=cher ein ganz guter Gefallen erwiesen, sowohl wegen der gewöhnlichen Speisen, als der Schauessen, welche die sieben Alter der Welt vorstellten.

Selbiger Speisezettel lautet aber so:

Das erst Essen

War das erst Alter der Welt, nemblich Adam und Eva in einem Garten, und stund zwischen ihne ein griener Baum, darum sich ein Schlang gewunden hat, ein Apfel im Maul, und neiget sich damit gegen Eva, dabei Maurachen und Pfif=ferling von Zucker und Mandl gemacht.

Das ander Essen

war ein gesottner Sweinkopf auf einem Rost abgetrüfnet.

Das dritt Essen

war gesotten Fleisch mit Kapaunen, Hüneren und gebruchenbem Fleisch.

Das vierdt Essen

war ein Figur des anderen Alters der Welt, nemblich die Arch, Noe mit beiliegenden Oblatten von Zucker gepachen.

Das fünft Essen

war ein haiß Essen Fisch von Lachsförchen, Aeschen, und anderen gutten Fischen.

Das sechst Essen

war ein Zeltkraut, und was darauf gehört.

Das siebende Essen

war das britt Alter der Welt, nemblich die Figur wie Abraham seinen Sun hat opfern und enthaupten wollen, anbei ein Thurn von Zucker und Mandl gemacht.

Das acht Essen

war ein durchsichtig hoche Sulz mit Fischen.

Das neunt Essen

war grün, und gesalzen Wiltpret in einem Pfeffer.

Das zehend Essen

war das viertd Alter der Welt, nemblich wie David das klein Königl gegen Goliat der in Gestalt eines Riesen gemacht, da stunde und sein Schlingen in der Hand hette, dabei sieffe Kräpfl von Zucker und Mandl gemacht.

Das eilfte Essen

war ein Gemüs.

Das zwelft Essen

war ein eingemachter Hausen.

Das dreizehnt Essen

war das fünft Alter der Welt, nemblich der Thurn zu Babiloni, stunde mit etlichen Häusern in einem Gemüs.

Das vierzehnt Essen

war ein Pastet mit eingemachten Vöglein.

Das fünfzehent Essen

war ein Reheschlägl mit einem Zyseindl.

15 *

Das sechzehent Essen

war das sechste Alter der Welt, nemblich die Menschwerdung Christi, Maria mit ihren Kindlin, auch mit Joseph, dem Eselein, Oechselein und Krippen in ein weiß Mandelmus gemacht.

Das siebenzehend Essen

war ein Pastet mit Birn und anderen Gemüs.

Das achtzehend Essen

war von eingemachten Böglen.

Das neunzehend Essen

war das siebend und lezt Alter der Welt, nemblich das jüngst Gericht, wie der Salvator unter einem Regenbogen sitzt, zu der rechten Seiten die Jungfrau Maria als eine getreue fürbitterin, und zur linken Seiten St. Johannes kniend nieder Dabei ein Marzipann von Zucker, und Mandl.

Das zwanzigist Essen

war von eingemachten Karpfen und Wallern.

Das ein und zwainzigist Essen

war ein Bratens von Faßanen, Haselhünern, rephüneren, Böglen, und anderen guten Wiltpret.

Das zwei und zwainzigist Essen

war unsers gnädigen Herrn Herzog Albrechts hochlöbl. Gedächtnus Begräbte, nemblich der Form des Grabs mit allen Fänblen oder Pannieren des Lands und Herrschaft, wie dann das wirklich gemacht und geziert in unser lieben Frauen Kirchen stehet auf dem Grab nach seiner Bildung ein geharnischter Mann am Ruken ligend in der gerechten Hand ein Pannier, und in der linken ein blos Schwerd, bei den Füessen zween Schild, einer mit Baiern, der andere osterland gemalt, dabei gefülte oblat.

So war es mit der Mittags-Hoftafel am Trauertage. Es war aber schon Tags zuvor Tafel und kommenden

Tages noch einmal, und es ist da ausdrücklich bemerkt, daß man beim letzten Morgenmahle „ein Bachens von Kachlen eines Ofen Form" auftrug „daraus lebendig Vögel gelassen wurden." Welche Speisen man aber bei den verschiedenen anderen Tafeln, während des Aufenthaltes der Gäste, unter die gewöhnlichen einreihte, hierüber ist gleichfalls Bericht zu finden.

Nemlich:

> Ein Galern mit ihren aufgerichten Segelbaum.
> Unser lieben Frauen Bild in der Sonnen, darüber ein Tabernakl auf vier säulen stehend.
> Ein Pastet mit etlichen Thüren, darine ein Tor und darauf ein Hirsch mit einem Vergülten gehürn.
> Ein Pelikan, der sich selbst in sein Brust sticht, daraus Blut fleußt auf seinen jungen in ihren Nest ligend.
> Ein Brun mit etlichen Rörren, daraus Rainfal floß, und fiel wieder in ein Kästlin.
> Ein brauner Igl in einem weißen Gemüs.
> Der Samson auf einem Löwen sizend, wie er ihm sein Maul aufreißt.
> Drei Löwen in einem Gemüs.
> St. Johannis Enthauptung.
> Item etliche gegoßne Gschlößer.
> Das Abendessen Christi.
> ein schöner Pfab. (Pfau.)
> ein Lustig gejaid.
> und etlich gegoßne Mandlmödl.

Schließlich wird berichtet, daß alle Fürsten und Fürstenbotschafter nebst ihrem Gesinde und alle Anderen, welche des Gottesdienstes wegen gekommen waren, in allen Her-

bergen freigehalten und ausgelöst wurden, wozu bemerkt
wird:

„Noch darüber sind aus unser gnedigen Herrn Kuchen
gekocht und Keller täglich ausgespeist worden ob: 2500
Menschen und gefütert achtzehn hundert und sechzig Pferd.“

So war es mit Herzogs Albert IV. Erinnerungs=
Trauergottesdienst.

Nun will ich im Vorübergehen wieder ganz ver=
schiedenes Anderes miteinander kurz berühren, wovon Jed=
wedes zu mehr oder weniger Betrachtungen veranlassen kann.

Daher zählt:

57tens die äußere Rathhaustreppe und das
darüber befindliche Fenster. Auf den Antritt der Treppe
wurden nemlich früher die zum Tod verurtheilten Verbre=
cher gestellt, von jenem Fenster herab aber das Urtheil ver=
lesen und der Stab über sie gebrochen. — Weiters:

Der große Rathhaussaal, in welchem einzelne,
große Landtagsversammlungen, fürstliche Hochzeiten, Fest=
tänze der Patrizier und andere Vorkommnisse stattfanden,
ungerechnet Bürgerzusammenkünfte in bewegten Zeiten —
davon wäre Manches zu berichten und zu erwägen, wie auch

der kleine Rathhaussaal, in welchem die umher=
hängenden Bilder den Unterschied des äußeren, alten und
neuen Münchens vor Augen rücken und damit Zeiten, in
denen noch viel weniger politisirt wurde, als jetzt.

Sodann:

Unweit vor der Stadt, links von der alten Augsburger=
Landstraße, in einem kleinen Hof der älteste Burgfrie=

bensstein, und dann geradeüber im sogenannten „Wie=
senfeld" die Säule, welche verkündet, daß vor Urzeiten
die Isar bortselbst geströmt sei.

Weiters etwa noch:

Die Kugel im Haus an der Sendlingergasse, unweit
dessen mit dem Bogengang, welch letzteres noch aus Kaiser
Ludwigs Zeit stammt. Besagte Kugel flog in den neunzi=
ger Jahren vom Gasteig herein, auf welchem die Oesterrei=
cher und Condeer standen, während bießseits Die des General
Moreau waren.

Aber von etwas Froherem zu sprechen, darf insbeson=
dere nicht vergessen werden ein ganz annehmlicher, selber
in Betreff seines romantischen Helldunkels viel veränderter,
Ort, dessen fleißiger Besuch vor Alters wohl Manchen, der
zu tief in den Humpen schaute und schließlich unter den
finsteren Bögen am Marktplatz beim Heimgang zu laut
wurde, in das Narrenstüblein oder auf den hochgelobten
Strafesel gebracht haben mag.

Indessen hielten sich da in der Regel nur solche Män=
ner ein, welche sich über den lauten Verkehr in der Bür=
gertrinkstube geradeüber ärgerten, oder sonst tiefsinnige,
nicht gestört sein wollende Leute, voll von Plänen für Gegen=
wart und Zukunft, oder voll innerer Beschaulichkeit in An=
sehung des irdischen Jammerthales — dabei sie ihre respek=
tiven Humpen Braunes leerten.

Mit diesem Orte ist nichts Geringeres gemeint, als

50tens die ungemein alte, ehrentapfere Trinkstube
„zum ewigen Licht," in welcher auch der berühmte Herr

Petrus Nöckerlein von Wien saß, deſſen „Chronica,"
enthaltend sein ganzes lustsam und hinwieder sehr ernst
bewegliches Leben, ich seiner Zeit in die Welt ausgehen
ließ, und welchem Herrn Nöckerlein der furchbar wild dar=
einschauende Stadt=Unter=Richter Bartholomäus Ruß=
heimer so bedeutend nachsetzte. Das war Ao. 1517, als
sich in Deutschland eben der Glaubensstreit aufgethan hatte,
in München aber die, alle Herzen einnehmenden, zwei schön=
sten Jungfrauen lebten — die Ligsalz Eliſabeth und
die Bart Antonia — zwiſchen welchen der Nöckerlein im=
mer wählte und zuletzt keine bekam, wie das schon mehr=
mals geschah, aber auf nicht so merkenswerthe Weise.

Die Häuser, in welchen die genannten und viele an=
dere, durch ihre Schicksale ganz mahnungsvollen Leute ge=
wohnt haben, sind in besagtem Buch genau angegeben.

Weil aber nun die Sprache zufällig auf den wilden
Stadt=Unter=Richter Bartholomäus Rußheimer kam, so
muß ich doch eines Hauses in der Weinstraße eingedenk
sein — nemlich

58tens des kleinen Hauses gerade über vom
Wurm = Eck.

Nicht etwa deshalb, weil sich der eben besagte Herr
Rußheimer mit seinem großen Schnurr und Knebelbarte
dort in seinem wüthigen Schmerzthum beim Zahnarzt
Schneeberger einen Zahn herausreißen laſſen wollte und
es aber doch nicht that, sintemalen ihm der Schmerz in sei=
nem Kiefer verging, eben als er schon den Thürklopfer in
der Hand hatte — sondern deshalb, weil in diesem Hause

zu etwas anderer Zeit der Doktor Antonius Herbarius,
zu deutsch Graser, lebte, und dessen Erlebniß eine nicht un-
bedeutende Mahnung für sämmtliche Aerzte enthält, sich ja
ihre Kranke genau zu besichtigen, ehe sie glauben, daß
ihnen etwas Bedeutendes fehle.

Also in dem besagten kleinen Haus gerade über vom
Wurmeck wohnte der Herr Doctor Herbarius und von Dem
heißt es:

Er habe sich, ehe er nach München kam, zu Mainz
gehalten und sei zwar den Leuten mit Blutegeln, Ader-
lässen und Pflastern zu Leib gegangen, aber im Grunde
habe er doch nichts darauf gehalten — sondern zu seinem
Hauptremedium stets eine sichere zischende, goldgelbe und
wechselweise rosenfarbene Tinktur gewählt, worüber denn
auch wirklich Manche gesund geworden sein sollen, wenn sie
die Schauer verwürgen konnten, sie zu nehmen — Manche
und Mehre aber allerdings nicht. Doch habe der Herbarius da stets dargethan, sie hätten zu wenig oder zu
viel genommen, außerdem wären sie sicher nicht gestorben.

Dem sei nun, wie da wolle, berühmt war er einmal,
und ganz umsonst konnte das doch nicht sein.

Indessen ließ er es auch nicht daran fehlen, diesen
Ruhm zu erhalten und stets zu erweitern.

Zu diesem Zweck bestellte er nemlich sehr häufig Leute,
welche pünktlich daher kamen, wenn sich Andere bei ihm
eingefunden hatten, die ihm, unter dem Ausdruck des höchsten Vertrauens, von Leibesgebresten, schlechtem Magen,
Herzleiden, Reißen und was weiters vorklagten, beifügend,

alle anderen Mainzer=Aerzte könnten sie nicht kuriren, wo=
rin er beistimmte — oder sie kamen in der Weise, als
seien sie schon von ihm kurirt worden, obwohl er sie seine Leb=
tage nie gesehen hatte — und wenn es auf die Deserviten
hinausging, so bezahlten sie dieselben stets mit Freuden,
aber immer mit dem eigenen Geld des Doktor Herbarius,
denn Der hatte es ihnen zuerst gegeben oder geben lassen.

Nun war das allerdings nicht ganz sauber, wenn
man die Sache nur von der einen Seite betrachtet.

Indessen soll er sehr viele Feinde unter den anderen
Aerzten gehabt haben, welche ihn heruntersetzen wollten,
und da mag es wohl sein, daß das Ganze nicht so fast
unrecht gemeint, sondern mehr ein Actus der Vorsicht war,
um seinem Rufe nur eben so viel hinzuzufügen, als ihm
seine Gegner gelegentlich davon abzuschneiden bemüht sein
mochten, und nebenbei denselben so viel von ihrer Ge=
schicklichkeit abzuschneiden, als sie ihm übel anwollten.

So kann die Sache auch angesehen werden. Es war
nur eine Ausgleichung — man muß gerecht und billig sein,
besonders mit Verstorbenen.

Deshalb wird das, worin sich der Herbarius bedeu=
tend verging, um nichts weniger treu berichtet, denn das
lag offen am Tag, wie Jeder sehen wird, das Besagte
andere aber nicht, denn so gerade in's Herz kann man
Niemand sehen.

Also wie nun der Herbarius seines guten Rühmens
fleißig eingedenk war und den anderen Aerzten durch im=
mer größeres Ansehen genug Aerger bereitete weil er, wenn

ihnen etwas mißglückte, eben nicht die kleinste Glocke läu=
ten ließ, so hörte er eines Tages, der weltberühmte Doktor
Theophraſtus Paracelſus komme nach Mainz.

Als der Herbarius das hörte, war ihm das gar nicht
lieb. Er ließ sogleich Leute kommen, welche in Gegenwart
seiner wirklichen Patienten aussagten, sie hätten sich schon
an den Paracelſus da oder dort in der Ferne gewendet,
aber es sei Alles für nichts gewesen — worauf er dann be=
dauerte, daß sich die Welt von einem solchen fahrenden
Quackſalber täuschen laſſe, trotzdem er schon so heillos viel
verdorben und so zahlloſe Menschen in das Grab gebracht
habe. Das war die eine Kriegsliſt. Die zweite war aber
diese, daß er seinen Famulus, der auf solcherlei Dinge
schon längſt wohl eingeübt war, auf alle Mainzer=Plätze
und in die Schenken umherschickte, um das Volk gegen den
einzunehmen, welcher sich ſeckerweiſe in die Stadt wagen
wolle, um vielleicht gar den Ruhm seines Herrn zu ver=
dunkeln.

Diesen Auftrag setzte derselbige Famulus ganz treff=
lich in's Werk, brachte den Leuten das größte Mißtrauen
gegen den Paracelſus bei, erzählte von etlichen so wunder=
baren Curen seines Herren, und im Gegenhalt von vielen
so unglücklichen des Anderen, daß alle Welt staunte, und
mit all dem machte er die Leute in Zeit weniger Tage so
mürbe, daß der Doktor Herbarius vom Paracelſus wenig
oder gar keine Beeinträchtigung zu befürchten hatte, wenn
er nun demnächſt daher käme.

Also war der Herbarius in so weit leichteren Gemüthes.

Den größten Triumph aber feierte er, als Nachricht
kam, der Paracelsus habe einen anderen Weg genommen,
indem er „einerseits zu thun, andrerseits von der besonders üblen Stimmung vernommen habe, welche in Mainz
gegen ihn herrsche, weil ihm eine oder die andere Kur
mißlungen sei. Das passire am Ende Jedem und dem
Geschicktesten, und werde wahrscheinlich dem Herbarius auch
schon passirt sein, also liege daran nicht so viel — aber des
Geredes wegen sei ihm die Lust vergangen, und so habe
er sich gegen Köln gewendet, da wisse er doch sicher, daß
ihm Keiner die Schuhriemen zu lösen, würdig sei."

Wie nun das so war und in gewohnter Weise Tag
für Tag viele Fremde in Mainz ankamen, so langte unter
Anderen auch ein Herr im Frankfurter-Zeiselwagen an.

Der stieg an der Herberge zu den drei Königen ganz be-
schwerlich aus, nahm da sein Quartier, klagte über Manches, verließ sein Losament nicht, zuletzt legte er sich gar
zu Bett, klagte dem Wirth und kam auf den Theophrastus
Paracelsus zu sprechen. Dabei sagte er: „Vor Dem möge
sich Jeder hüten, er habe selbst den Beweis! Denn Der habe
ihn zu Frankfurt in seinem letzten Siechthum ganz falsch
kurirt, also daß er, statt gesund zu werden, über den dritten
Tag stets erst recht todtkrank werde und Abends dann nie
wisse, ob er die Nacht durchbringe. So," sagte er, „sei es
jetzt wieder geworden. Wenn man ihm also einen Arzt
brächte, sei es ihm willkommen, und wenn es möglich wäre

möchte er den Doctor Herbarius kommen sehen, weil er von dessen Geschicklichkeit schon viel gehört habe — und es bedünke ihn, wenn Der ihn nicht von seinem Uebel befreie, so gelänge es keinem Andern, und er sei in Kurzem ein gelieferter Mann."

Weil nun dem Herbarius nichts lieber war, als vielleicht ein Wunderwerk zu vollführen, wo sich der Paracelsus so bedeutend geschadet hatte, nahm er sogleich seine goldgelbe und rosenfarbene Tinktur, den Aderlaßschnepper was sonst, und machte sich auf gegen die fragliche Herberge wobei ihm sein Famulus **Christian** mit Blutegeln, Schröpfköpfen und Pflastern vorausschritt und den Leuten gelegentlich zurief:

„Da habt Ihr den Paracelsus! Wenn er die Suppe versalzen hat, sollen wir heilen! Nun denn, wenn Gott will, geschieht's auch, stirbt er, sind wir gewiß nicht schuld."

Als nun der Herbarius beim todtkranken Fremden am Bett stand und die sonderbar schwarze Gesichtsfarbe desselben sah, auch daß der Andere im Bett drin zum öftesten bedeutend zitterte und den Mund schief zog, sagte der Herbarius zu Denen, welche mit herein gekommen waren:

„Da könnt Ihr sehen, wie elendiglich schlecht es mit dem Manne steht! Ich habe doch viel erfahren, aber so schwarz ist mir doch noch Keiner vorgekommen — und das Zittern mitsammt dem schiefen Zucken gehört auch nicht zum Besten!"

Dann wandte er sich zum Kranken und fuhr fort:

„Also weit hat Euch der Theophrastus Paracelsus

gebracht — wo nicht dolos, doch mindestens kulpose?! Der verwünschte Landfahrer und Quacksalber, der Menschen-töbter! Den soll ja doch der Leibhaftige holen und in das höllische Feuer werfen!"

„Ja," seufzte Der im Bett drin, „das wäre freilich das Beste und hätte längst geschehen sollen. Nehmt Euch nur in Acht vor ihm, wenn er nach Mainz kömmt, wie ich hörte — Euch soll er hassen!"

„Pa, der kommt nicht," fiel der Herbarius ein, „es ist ihm die Lust vergangen!"

„Das ist ein Glück für die Menschen," entgegnete Jener, „denn er ist ein ungeheuer kecker Gesell, und wenn er nur sein Geld hat, ob Ihr dann alle miteinander in's Gras beißt, darnach fragt er gar nichts! O wie ist mir jetzt eben wieder schauerlich zu Muth — und der Frost dazu mitsammt dem, daß es mir den Mund immer mit aller Gewalt schief zieht — das ist nimmer menschlich!"

„Ja, das ist unmenschlich," sagte der Herbarius, „aber wir hoffen Euch zu kuriren, nur müßt Ihr Geduld haben. Denn von der eigentlichen Krankheit seid Ihr wohl bald zu befreien — nur mit der Schwärze, in welcher Ihr versirt, wird es nicht so schnell gehen."

„O," sagte der Andere, „ich habe Geduld, wenn ich nur mit dem Leben davon komme, damit ich mich noch am Paracelsus rächen kann. Denkt nur, er kurirte auf die Nieren und die Milz hin, und ich glaube meiner Seele, daß mir daran nie etwas fehlte! Was meint denn Ihr?"

„Da lache ich nur dazu!" rief der Herbarius. „Nie-

ren und Milz! Da fehlt es Euch noch tausendmal leichter
an der Leber und im Rückgrat — könnte auch sein, daß
ihr einen Herzfehler habt — wobei sich dann erst wegen
etwaiger Congestionen — habt Ihr Congestionen gehabt?"

„Das versteht sich!" fiel der Andere ein — „gar
nicht zu nennen, so oft und viele!"

„Nun ja seht — wobei sich dann erst wegen der
Congestionen zeigen müßte, ob sie nicht bloß Congestiones
falsae seien, welche nach meiner neuesten Theoria mehr
durch den Magen und die Kopfnerven, als durch das Blut
überhaupt entstehen — das kann ich Euch Alles nicht so
genau erklären, weil Ihr kein Medicus seid — so ist's, und
jetzt wißt Ihr's — aber mit dem Allen, was Euch gefehlt haben mag, hat Eure gegenwärtige Krankheit rein
und durchaus nichts zu schaffen."

„So sagt mir nur, wie diese meine gegenwärtige
Krankheit benamst wird!" drängte der Andere.

„Ja das wenn ich wüßte!" fiel der Herbarius wieder ein. „Ich habe gewiß mehr Krankheiten gesehen, als
alle anderen Medici miteinander, sonderlich auch in türkischen und ungarischen Landen bis in das Persische hinein,
wo unser Einem selbst vor Schreck und Staunen das
Augenlicht vergehen möchte — da, mein Famulus Christian ist Zeuge — aber diese Krankheit ist mir noch nicht
vorgekommen."

„Das ist ja schrecklich und schauderbar," seufzte der
Andere, „weh, o wehe!"

„Da habt Ihr recht!" rief der Herbarius. „Aber

das hat gar nichts zu sagen! Denn wenn ich sage, ich
weiß die gegenwärtige Krankheit nicht, so habe ich damit
noch lange nicht gesagt, daß ich sie nicht wissen werde!
So ist's! Vor der Hand kurire ich einmal auf Eure all=
gemeine Schwärze los, denn der sah ich auf den ersten
Blick an, daß da Gift im Spiel ist — weshalb es sich eben
durchaus nicht um Eure ursprüngliche Krankheit han=
delt, welche nemlich Euer eigener Corpus hervorgebracht
hat — sondern rein und alles um das superfluum vene-
nosum, welches durch die verwünschten Medicinen des ver=
wünschten Paracelsi erst in Euch hineingekommen, später
aufgetaucht ist und sich jetzt folgend von Innen heraus auf
die Oberfläche geworfen hat!"

„Das scheint mir ganz richtig," sagte der Andere.

„Also das seht Ihr wieder ein!" fiel der Herbarius
ein. „Wenn ich also das Gift an sich zum Verdampfen
bringe, indem ich zweierlei Tincturen gebe, und zugleich
durch Pflaster, Schröpfköpfe und Blutegel hinwirke, daß
das an der Leibesoberfläche sichtbar gewordene Gift gehörig
herausgezogen werde — insbesondere aber noch durch eine
Aderlässe von zwölf Unzen nachhelfe, weil da sogleich mehr
Blut miteinander herauskommt, worauf dann das übrige
im Leib drin durch die Tincturen zu neuem und besserem
Stoff angespornt wird — so wird sich die Sache schon
herausstellen."

„Versteht sich!" sagte der im Bett drin.

„Nicht wahr, das seht Ihr selbst ein," sagte der Her=
barius. „Also — trifft die Kur wirklich gut ein, so ist kein

Zweifel, daß es die bisher noch nicht vorgekommene medi-
cinale „spezifische Giftkrankheit" ist, an welcher
Ihr leidet, welcher ich dann den entsprechenden Namen ein
für allemal geben und zwar sie morbus pene mortiferus venenosus specialis maximus betiteln werde, wornach sich sodann sämmtliche Aerzte der Welt zu halten haben — denn
diesen Begriff müßt Ihr Euch von meiner Autorität schon
machen; jedes gelehrte Wort, das ich spreche, und Alles,
welchem ich einen Namen gebe, das geht in die weite
Welt."

„Ja, Ihr seid hochberühmt," fügte der Andere hinzu,
„wenn Ihr das nicht wärt, so hätte ich kein solches Verlangen nach Euch gehabt."

„Drin sollt Ihr auch nicht getäuscht sein," fiel der
Herbarius ein, „wenn anders sich noch etwas richten läßt,
denn Ihr seid erbarmungswürdig daran, darüber ist kein
Zweifel. Indessen das hat sein Gutes. Warum hat das
sein Gutes? Weil Ihr, wenn es mit meiner Kunst, Euch
zu retten, doch fehlschlüge, besser gleich todt, als lebendig
seid — wenn es mir aber, wie ich hoffe, doch gelingt,
Euch heraus zu reissen, Eure Freude und die meinige desto
größer ist!"

„Ja, Ihr habt in beiden Fällen recht," seufzte der
Andere. „Lieber todt, als so lebendig! Fangt nur sogleich
an, ich thue und nehme, was Ihr wollt. Nur das Eine
möchte ich noch wissen! Da ich so grenzenlos krank bin,
begreife ich nicht, weshalb mein Puls ganz und gar nicht
bewegt ist? Ich habe mir so eben wieder daran gefühlt —

ich sage Euch, er geht wie jeder andere, fühlt nur selbst!"

„Das ist wirklich wahr," sagte Doctor Herbarius, „befremdet mich aber so wenig, daß ich gar nicht für nöthig halte, Euch den Puls zu greifen! Es handelt sich fürerst allein um jene Krankheit, welche sich von den Paracelsischen Giften herschreibt. Die aber hat mit dem Puls fast gar nichts zu schaffen! Zudem seid Ihr groß und fest, so kommt der ruhige Puls auch noch von Eurer starken Natur, und er beweiset höchstens, daß die Gifte des Paracelsus kalte Gifte gewesen seien."

„Ja, so ist es," fiel der Andere ein, „Alles, was er mir eingab, war kalt."

„Seht Ihr, daß ich es weiß! So ist es! Wären es aber heiße Gifte gewesen, so wäre Euer ganzes Arteriengeblüt viel wilder, und da solltet Ihr den Puls schlagen hören!"

„Welche tiefe Einsicht erkenne ich," kam es entgegen, „und mit wie wenig Worten! So hebt denn an — nur noch Eines! Ihr wollt mich in Allem kuriren, wenn es sein kann — was verlangt Ihr denn, wenn's Euch gelingt? Verlangt nur, was gerecht, denn ich gehöre nicht zu den Armen!"

Sagte der Herbarius: „Angesehen Eure schreckliche Gefahr, Unbekanntheit der jetzigen Krankheit und erst noch hinterdrein zu kurirender Krankheit, wenn diese erste weg ist — Angesichts voraussichtlicher langen Gefahr meines Ansehens, auch Kostbarkeit des Goldes und der Edelsteine in diesen Tincturen — wird sich mein Deservit beim besten Willen auf minder nicht, als zehn Goldgulden belaufen können. Und dabei verfahre ich noch mit aller Rücksicht, weil ich es dem Theophrastus Paracelsus zum Trotz thue, der Euch in die schreckliche Krankheit hineingebracht hat. Der Gesell soll mir nur je kommen, dem will ich ein Gesicht auf-weisen und entgegen treten, daß er sich gewiß aus dem Staube machte — und wie ich ihn andonnern würde!"

„O, wenn ich nur dabei seyn und das hören könnte," sagte Der im Bett drin. „Was würdet Ihr ihm denn un-gefähr sagen?"

„Das will ich Euch sogleich andeuten," versetzte der Herbarius, die Hand ballend und ein furchtbar wildes Ge-sicht zum Besten gebend. „Ich würde ihn andonnern: Ihr pseudoberühmter, spiegelfechtiger, Ihr gottverfluchter, gift-spendiger Gesell Ihr! Wie könnt Ihr denn wagen, nebst vielem anderen Unheil, einen Ehrenmann fast durch und durch vergiftet zu haben, daß er mir schier todt vor Augen kam? Ha, Ihr Verräther! Ich habe ihn aber doch kurirt! Und wenn ich ihm vielleicht meine Medicamente nicht ge-geben, sondern nur einige Zeit in seiner Nähe geblieben wäre und ihn gehörige Zeit an den Remediis hätte riechen lassen — ja wenn ich sie, vorausgesetzt, daß er nur um die Hälfte weniger übel daran gewesen wäre, nur in seiner Nähe gelassen hätte — so hätte ich ihn möglicherweise auch kurirt, also kräftig und antibotisch sind sie! nicht wahr, Ihr Schelm, das glaubt Ihr nicht, aber es ist doch so!"

„Freilich ist es so," rief Der im Bett drin, „ob er

es glauben wollte, oder nicht. Dort stehen Eure Tincturen, — und ich bin auf einmal gesund!"

Dazu sprang er in einem hirschledernen Unterkleide aus dem Bett, in seinen pelzverbrämten Schlafrock hinein, nahm einen Schwamm vom Tisch und fuhr über das Antlitz, daß alle Schwärze verschwand, schleuderte ihn auf den Herbarius und donnerte:

"Wißt Ihr's jetzt und seht Ihr, wen Ihr vor Euch habt? Ich bin's, der Theophrastus Paracelsus selbst, auf den Ihr schmähtet und durch Euren Famulus loszichen ließet! Nichts fehlt mir, nichts ist's mit Eurem morbus pene mortiferus venenosus specialis maximus! Ich habe Eure Ignorantia maxima zu Tag gebracht, und damit fort und hinaus!!"

Auf dieß machten der Herbarius und sein Famulus ohne weiters links um — und ehe zwei Tage verflossen, waren sie zur Stadt Mainz hinaus, denn in der kam der Ruf des Geschehenen sogleich herum, und gab es einen Hohn und Lärmen, daß es mit allem Vertrauen aus war, und keine Vertheidigung des Famulus Christian mehr angriff.

Der Paracelsus aber blieb auch nur einen Tag, denn er hatte einen Ruf wo anders hin bekommen, wo er sich größter Ehren versah, und ist sicher, daß der Herbarius auch anderer Orte in der Nähe noch viel Spott zu erleiden hatte.

Die Zeit verwischte nun, wie gar Vieles, auch des

Herbarius Niederlage .mehr und mehr, besonders als er weiter und weiter weg kam.

Weil nun dazumal von Mainz bis gen München gar weit war, wandte er sich zuletzt dahin, und er fuhr da ganz gut. Denn die Münchner hatten wohl einmal gehört, daß in Mainz Etwas mit dem Paracelsus und einem anderen Doctor vorgefallen sei — aber nicht genau was, auch nicht, daß der Andere Herbarius heiße, und das Gerede war auch nur kurz. Item als er sich in der Weinstraße einlogirte, dachte man durchaus nicht daran, daß er Der sei, welchem der Paracelsus so übel mitgespielt habe, und später kam man auch nie recht darauf.

Einen einzigen Fall ausgenommen, in welchem ein Mainzer Kaufherr kam, und die Rede in einem Patricierhause auf den Herbarius fiel.

Als da der Mainzer, der auf diesen letzten Namen aufmerksam wurde, fragte, ob es etwa der Herbarius sei, mit welchem der Paracelsus seine Angelegenheit gehabt habe und diese genau erzählte, sagte man, das sei wohl nicht so, und der fragliche Herbarius werde wohl ein Anderer gewesen sein.

Das wollte aber der Kaufherr nach Verschiedenem, was er von seinen Medikamenten hörte, nicht zugeben und erbot sich zum Beweis, als nemlich, daß er beim Herbarius sich auch für krank ausgebe. Da werde man dann sogleich sehen, ob Der sich täuschen lasse — und wenn er selbst ihn überhaupts nur von Angesicht sehe, so kenne er ihn ohnedieß.

Von dieser Sache bekam aber der Herbarius Wind, und als wirklich geschickt wurde, waren er und sein Fa= mulus nicht zu Hause, sondern angeblich nach Dachau ver= reist, wo es eine Kur gelte.

Ueber dieß mußte der Mainzer Kaufherr wieder fort, und als er bei einem Thor aus der Stadt war, kam der Herbarius alsbald beim andern wieder herein.

So war die ganze Herbarius=Angelegenheit, und in soferne ist das Haus an der Weinstraße, worin er wohnte, ein ganz gutes Merk= und Wahrzeichen in medicinellem Be= treff des sechzehnten Jahrhunderts.

Was nun seinen Aufenthalt in München sonst betrifft, so sollen seine Kuren nicht ganz unglücklich gewesen sein, obwohl ihm hie und da und im Ganzen auch mehr Leute star= ben, als er gesund machte. Manchesmal sollen aber seine Tincturen sehr gut gewirkt haben.

Ausserdem steht irgendwo, daß er sich in ziemlich älte= ren Tagen dahier mit einer ganz vermögenslosen, aber annehmlichen Jungfrau verheirathete und ihres Besitzes ungemein froh war; auch war sie die längste Zeit nicht leidend.

Als sie es aber doch einmal wurde, rief er einen anderen Arzt, und als ihn Der fragte, weshalb er nicht selbst kurire, soll er gesagt haben: „Da er Medicinen geben müsse, welche seiner lieben Ehehälfte unangenehm seyn könnten, wolle er das lieber einem Andern überlassen."

Das war gewiß sehr aufmerksam vom Dr. Herbarius und verräth großes Zartgefühl.

Etwas anders lautet das, was er sagte, als er selbst
schwer krank wurde, und sich auch da einen Arzt berief,
der sich auch guter Mittel rühmte.

. Als ihn der spöttisch fragte, warum er ihn kommen
lasse, da er doch selbst hilfreiche Ticturen habe, soll er
geantwortet haben:

„Die habe ich freilich — aber ich habe da meine eigenen Gedanken, und wir Zwei können schon miteinander
reden. Bei meiner seligen Frau dachte ich: Was du nicht
willst, daß man dir anthue, das thu du auch Anderen nicht
an — und bei mir denke ich: Was du auch Anderen anthun darfst, das brauchst du dir deshalb nicht selbst anzuthun.
Ihr müßt mich deshalb nicht geringer schätzen — meine
Medicamente sind gewiß besser, als die Euren, aber —
gewiß weiß man eben doch nichts — und sowie ich Euch
rufen ließ, laßt bald möglichst auch einen Anderen rufen —
wenn Euch etwas fehlen sollte!"

Von vielen Wahr= und Denkzeichen und Orten, welche
ich da nebeneinander insgesammt vorgebracht habe, will ich
jetzt nur noch drei beifügen, bei denen es sich um ein Na-
mens=Wahrzeichen handelt.

Also für's Erste wißt Ihr Alle, daß man es im Ed-
haus, der Bank gegenüber, welches Haus in ganz alten
Zeiten dem Meister Conrad gehörte,

59stens beim „lachenden Wirth" nennt.

Dieser Name schreibt sich daher:

Ao. 1674 am 9. April entstand während der Ab-
wesenheit des Churfürsten Ferdinand Maria in der

Refidenz ein großer Brand, welcher unfäglichen Schaden
anstiftete.

Da war Alles in der größten Verwirrung, wußte
nicht, wo zuerst retten und wo hinaus, und irrte so in
den allereinfachsten Unterkleidern jammernd hin und her.
Anbrerseits eilten die Leute aus der Stabt zu Hülfe —
und fast vor Allen kam da auch der Wirth Martin, an=
geblich des Beinamens Homan, welchem das befagte Haus
gehörte, und welcher wegen seines trotzigen, stillen Wesens
so bekannt war, daß man sagte, er habe sein Leben lang
nicht gelacht.

Wie nun dieser Wirth in die Gänge der Refidenz
kam und zuvörderst den Baron Simeoni — der auch nur
in Unterkleidern war — ganz verzweifelt ab und zu lau=
fen und die Hände ringen sah, und dazu die Hofbamen
und Kammerzofen, welche derselbe bald dort=, bald dahin retten
wollte, obwohl er selbst nicht wußte, wo zuerst aus und
an, so schien ihm das Alles noch nicht zu curios. Aber
als wieder etliche Damen in gleicher Weise daher kamen, an
ihrer Spitze — mit auf einer Seite aufgelösten Haaren und
ohne Pantoffeln — die gute Gräfin von der Waal, des Käm=
merers gleichen Namens Schwester, welche schon in reiferen
Jahren, zugleich eben nicht von den geringst Beleibten war
und ihn, den Wirth, auf Französisch um Hülfe anrief — da
kam dem ernsthaften Wirth der ganze, von Simeonische,
Damen=, Kammerzofen= und nun erst der von der Waal=
sche Anblick so kurios vor, daß er zum erstenmale in Lachen
ausbrach und zwar in so heftiges, daß er gar nicht fertig

werben konnte, und je verzweifelter die von der Waal war, desto mehr lachte er. Doch hinderte ihn dieß nicht, daß er die treffliche Gräfin von der Waal an der Linken anfaßte, den Anderen zurief, sie sollten sich anschließen, weiters mit seinem rechten Arm unter den anderen, zu Hülfe Eilenden Platz machte und somit Sämmtliche an den Hofgang brachte, der zu den Theatinern hinüberführte, wo sie mit der Churfürstin Adelheid zusammentrafen, welche sich ihrerseits, vom Marquis d'Harancourt begleitet, nebst ihren Kindern schon auf dem Wege in's Kloster befand. Hieran schloß sich auch der Marquis d'Espinal, dem es gelungen war, die kostbarsten Kleinodien aus den Gemächern der Churfürstin zu retten, hingegen sich der Obersthofmeister, Graf von Fürstenberg, welcher zuerst auch ganz confus war, rasch verabschiedete, um alle mögliche Vorsorge für den noch nicht brennenden Theil der Residenz zu tragen, worin er auch nebst dem Bruder der besagten Gräfin das Geeignete that. Gleichwohl brannte viel nieder, namentlich fast die ganze Seite auf den Hofgarten zu, und ausser vielen Kostbarkeiten anderer Art, ging auch eine ganze Reihe der ältesten, fürstlichen Ahnenbildnisse zu Grunde.

Nachdem das Feuer lange gewüthet hatte, konnte es zuletzt, gegen das Barfüßerkloster zu, einer hohen Mauer wegen, nicht weiter greifen.

In Kurzem wurde man dem Brande gänzlich Herr, an welchem ein Hoffräulein, eine Gräfin de la Perouse die Veranlassung war, indem sie einschlummernd vergessen hatte, das

Licht auszulöschen, worüber ihr Kissen, der Vorhang des Bettes und sofort Alles ringsum Feuer fing.

Die edle Adelheid tröstete die Verzweifelte so viel, als möglich, und gleicherweise verzieh Derselben auch der Chur= fürst, welcher, durch drei Couriere vom Brand benachrich= tigt, am 11. April zu München eintraf.

Von dem Wirth Martin aber zu reden, so soll Derselbe, als er vom Hofgang in die Residenz und zur Hülfe beim Brand selbst zurückeilte, ungemein viel geleistet und gerettet haben und dabei alsbald wieder ganz ernst= haft gewesen und fürderhin geblieben sein.

Wenn aber in künftiger Zeit die Rede auf den Resi= denzbrand fiel, und er auf die Hofherren und Damen, voraus die ehrenveste Gräfin von der Waal zu sprechen kam, so verließ ihn mit einemmal sein finsterer Ernst und er brach in Lachen aus, daß das ganze Zimmer erzitterte. Da mußten dann Die um ihn auch mitlachen — und all über das nannte man es beim „lachenden Wirth."

Von da komme ich auf das zweite Namenswahrzei= chen zu sprechen.

Das trifft auf einen Ort zur Rechten hinab, wenn man, am Kasernenhof vorbei, durch das Hofgartenthor, zum englischen Garten hinaustritt.

Ebengenannter, tiefliegender Kasernenhof gäbe viele Ver= anlassung auf früher Bestandenes zu kommen, aber es soll nur vorübergehend von ihm allein Meldung geschehen.

Es war da früherhin ein mit Schwanen besetzter See, hübsche Inseln und Halbinseln gab es, die waren wohlbepflanzt, auch standen allerlei marmorene Vasen, me= tallene Figuren darauf, menschlich geformte und Thiere — so die zwei metallenen Hunde, welche aus einer großen Zahl gleicher, die man nach und nach eingeschmolzen hat, gerettet wurden und im Nationalmuseum aufbewahrt sind.

Auf der Stelle der Kaserne selbst war ein Zug Hü= gel mit schönen Baulichkeiten, Bäumen und Gebüschen, in Mitte aber war der sogenannte „Musenberg" mit an= muthigem Bogenwerk und Grotten, darin Bildsäulen stan= den, und zu Innerst war eine Bavaria.

Jenes Grottenwerk selbst war wechselnd aus Tuf, oder Muscheln und schönem eingesetzten, buntem Gestein, roth blau, gelb und sonst von allen Farben — kurz das Ganze in der Weise, wie der herrliche Muschelhof in der alten Residenz, gegenüber vom Herzog Christophstein.

Diese Art Arbeit nannte man Roccaillerie, und davon hatte der oben gemeinte Ort seinen Namen.

Es ist aber von nichts Anderem die Rede, als

60stens von dem hochpreislichen, sogenannten „Rockerl" in der Haupt= und Residenzstadt München, welches abson= derliche Wort Rockerl sich daher schreibt, daß daselbst die Roc= caraille = Arbeiter wohnten und ihre Hauptwerkstätten hatten. Nun muß ich zwar selbst sagen, daß sich das französische Wort sehr gut und vornehm ausnimmt, aber es läßt sich gegen das deutsche auch nichts einwenden. Die Franzosen sollen sagen bei den „Rocailleurs," wir sagen jetzt einmal „Rockerl," und dabei bleibt es.

Und nun komme ich schließlich auf das dritte, bauliche Namens= und Justizwahrzeichen zu sprechen. Ihr meint etwa auf den gewissen, runden Thurm an der neuen Maximiliansstraße? — Ja der ist freilich auch ein bedeutendes Wahrzeichen — für die Debitoren.

Aber davon rede ich nicht, sondern von einem anderen Thurm aus uralten Jahrhunderten, welcher in der langen Reihe sicher Manchem fehlte; um so mehr, als dessen Bild am Beginn dieses Kapitels vor Augen steht.

Ich ließ es umsomehr beifügen, als nun von dem abenteuerlich düsteren Gebäu, nemlich

61stens dem Falkenthurm, die letzte Spur verschwunden ist.

Dieser Thurm führte seinen Namen deshalb, weil in vergangenen Zeiten mehre Jagdleute und sonderlich die Hoffalkeniere obenauf im daran gebauten Häuslein ihren Aufenthalt hatten.

Der Thurm selbst aber war, wie Jeder weiß, ein Gefängniß, und der Thurmvogt wohnte im eben genannten Häuslein zu ebener Erde.

Wollte ich nun anfangen, von Allen zu berichten, welche da von gleichzeitiger Erbauung des nahe gelegenen, „alten Hofes," oder der „Ludwigsburg" an bis herauf zum vorigen Jahrhundert in Haft gekommen sind, so dürfte es eben nicht kurz werden.

Ich will deshalb nur an Etliche erinnern, welchen gegönnt war, einen kürzeren oder längeren Aufenthalt in diesem dicken Gemäuer zu nehmen.

So befand sich da beispielsweise der welsche Ritter Markus Bragadinq, genannt Manulquatro, welcher die Leute aller Orte, besonders auch in Venedig, mit seiner Alchimie betrog und dann nach München an den Hof Herzogs Wilhelm V. kam, wo ihn sein Schicksal erreichte.

Die Einen sagen dabei, er sei, mit einem vergoldeten Strick gefesselt, zum Tode geführt worden, die Andern, es sei vom Hochgericht ein solcher Strick herabgehangen.

Die Sache fiel vor am 26. April 1591.

Ein anderer wüster Gesell war der welsche Fra Solina, von dem ihr bei Gelegenheit des Meisters Conrad von Nürnberg gehört habt.

Ein Dritter war der heillose Junker Sarazin, welcher dem jungen, reichen Herrn Berthold dem Speirer so grausam viel zu schaffen machte, als Der mit Geld für den Herzog Johannes nach München kam und beim Herrn Welser am Erkerhause nächst der Rosengasse absaß, als in Land Bayern just ein so heißer Sommer regierte, daß alle Feldfrucht in Gefahr stand. Ueber den Sarazin und Speirer kann Jeder das Ganze im „Wettermacher von Frankfurt" in meiner „guten alten Zeit" lesen. Hier sage ich nur so viel, daß es dem Speirer hoch zu stehen kam, daß er das erste Wettermännlein nach München brachte, weil die Leute glaubten, er könne regnen lassen, dem Sarazin aber kam es noch theurer zu stehen. Das war so Ao. D. 1393.

Wieder lagen da kurze Zeit lang drei Bürger, welche in den alten Rebellionszeiten — da die Macht der Her-

zoge brach lag und es sich zeigte, daß jener, früher erwähnte, Hofnarr, nur zu recht gehabt habe — für ihre
Treue von den Aufruhrshäuptern zum Tod verurtheilt
wurden, der **Triener, Stromer** und **Haidvolk.**

Daß der falsche Bürgermeister, der sicheren Sage
nach, auch im Falkenthurm lag, wißt Ihr schon vom Bericht über das Faustthürmlein her. Nun wird noch Dreier
Erwähnung gethan —

nemlich eines hochgeachteten und fürnehmen ritterlichen **Grafen** — eines hitzigen **Schneidermeisters** nebst
Genossen und eines **Juristen.**

Der Graf und Ritter, welcher kurze Zeit im Falkenthurm, dann aber längern im Thurm am Thiergarten, nemlich im Christophthurm gefangen saß, weil er Herzog Albrecht V. schwer beleidigt hatte, hieß **Ladislaw von
Haag.** Das war Ao. 1557. Er wurde dann frei, hatte noch
verschiedene Erlebnisse, sonderlich eines in Welschland, wo
er eine reiche Braut zu finden glaubte, während sie meinte,
er sei reich — zuletzt ging die ganze Sache wieder ausein-
ander, und der Ladislaw mußte nach viel Kosten und Scha-
densersatz noch froh sein, daß er aus der welschen Gegend
wieder heim in's Deutsche kam.

Ao 1567 starb er, und da er kinderlos war, fiel die
Grafschaft als offen gewordenes Lehen an Bayern.

Eine Viertelstunde von Haag, im Gotteshaus zu
Kirchdorf, liegt er begraben, und da ist sein Grabstein.

Zuerst aber war der Ladislaw in einer Kapelle, etwa
500 Schritte von Kirchdorf entfernt, begraben. Diese Ka-

pelle riß man ab, baute ein Häuslein hin, und als das geschah, fand die Uebertragung statt. Uebrigens kam der Ladislaw dadurch zu seinen Leuten, denn fast gar viele andere Haager hatten schon vorher zu Kirchdorf ihre Ruhestätte.

Der Zweite, der hitzige Schneidermeister, hieß Jörg Hitzberger, welcher sich in der „Haager Zusammenrottirung" Ao. 1596 so scharf auszeichnete, daß man ihn nebst einem Anderen, des Namens Stiler, festnahm, Beide in den Falkenthurm brachte und sie zum Tode verurtheilte, aber dann zu ihrem großen Trost begnadigte.

Der Dritte, der Jurist, war der Praktikant Georg Sebastian Plinganser, welcher mit den Ingolstädter Studenten Meinbl, Dalmei, Oertel und insbesondere Hoffmann die Haufen der Landleute organisirte, als es Ao. 1705 gegen die österreichische Landesoccupation ging. Der Hauptgrund des Aufstandes war, daß Kaiser Joseph I. 12,000 Bayern ausheben lassen und nach Ungarn und Italien schicken wollte. Die da fort sollten, flohen, rotteten sich zusammen, und bald war die Schaar auf 20,000 Mann angewachsen, unviel später auf 40,000, Burghausen, Schärding, Braunau wurden erobert, dann sollte München überfallen und frei werden. Bekanntlich wurden aber da die Oestreichischen gewarnt, die Oberländer zurückgetrieben, und zu Sendling fanden Diese ihren Untergang. Nächst wurden andere Schaaren bei Vilshofen und Aidenbach vernichtet, Braunau, wo der Landesvertheidigungsausschuß war, der theils aus Verwirrung, theils aus

liſtiger Abſicht planlos verfuhr, wurde durch einen gewißen
Oefort an die Oeſtreicher verrathen, und bald wurde die
ganze Erhebung unterbrückt. Die Führer zerſtreuten ſich, Hoff=
mann gerieth in öſtreichiſche Gefangenſchaft und mußte ſter=
ben, der Plinganſer gerieth auch in Gefangenſchaft, ward
zum Verhör nach München geführt, ſaß da etliche Monate
im Falkenthurm und richtete von da aus im Monat Juni
1706 an den Kaiſer ein Bittſchreiben um Befreiung, in
welchem er über Vieles Aufklärung gab und darzuſtellen
ſuchte, daß er, wenn er auch gegen ihn ſtand, doch viel
Schaden verhindert habe. Kurze Zeit darauf wurde er
frei und ſpäter Kanzler und Rath des Reichsſtiftes Sanct
Ulrich zu Augsburg, wo er Ao. 1737 ſtarb.

Damit ſei das Kapitel von den allerlei anderen Wahr=
zeichen beſchloſſen, nur daß ich noch etliche alte Reime her=
ſetze, welche Einer ſeiner Zeit auf den Falkenthurm ſchrieb:

> O ſei du frumm und gehorſam ſein,
> Uur in den Thurm kumm nit hinein,
> Ob dich was noch ſo trutz und wurm,
> Iſt beßer dann im Falkenthurm;
> Das kann ich dir für ſicher ſagn,
> Wo du nit glaubſt, magſt du's beklagn!

Mir ſcheint faſt, der das ſchrieb, hat den Falkenthurm
einmal ſelbſtelgen probirt, weil er es gar ſo dringend
machte.

———— ⁂ ————

Der große Wind.

nfehlbar ist eines
der merkenswer=
thesten Volks=
Sprach=Wahrzei=
chen zu München
das Wort:

„Ja dazumal,
beim großen Wind!"unb Manche setzen dazu: „Ao. Eins!"

Wer das sagt, brückt eine Abweisung aus unb meint da=
mit ungefähr:

„Was du sagst, ist heute zu Tag nicht mehr
möglich," ober nach Umständen auch „bas und bas
thu' ich durchaus nicht!"

Nun habe ich, wie viele Anbere oft schon die längste
Zeit auf das Tiefste unb Reiflichste nachgebacht, wie es benn
eigentlich mit bieser Sache von bemselben „großen Wind"

beschaffen sei. Ich bin aber nicht so wahrhaftig und tief auf den Grund gekommen, daß ich mir einbilden dürfte, ich wisse allein das Richtige und Sichere. Vielmehr wird es das Beste sein, die Meinungen Verschiedener klar vor Augen zu stellen, damit die ganze Angelegenheit in noch weitere, reifliche Erwägung gezogen werden könne, denn einmal soll da doch ein Entscheid kommen, und es handelt sich zuerst um den Ausdruck, wenn das „Ao. Eins" nicht beigesetzt wird.

Die Einen unter den gelehrten Köpfen meinen nun da:

„Es sei mit dem „großen Wind" die Zeit angedeutet, in welcher sich Max Emanuel in Brüssel als Statthalter aufhielt und, wie die Leute sagten, für eine nichtig windige Pracht sein Land Bayern in die niederländische Schüssel gebrockt habe."

Die Zweiten nehmen Bezug auf etwas Anderes.

Um Mitte des vorigen Jahrhunderts erschien nemlich eine Kleiderordnung, weil es die Weibsen mit ihren Hauben, Röcken, Goldborten und ihrem „Geschmuck" eine Zeit lang so hoch gaben, daß es den christlich schlichten Ehehaltern schier über alles Vermögen und Maaß ging.

Als nun diese Kleiderordnung den Letzteren sehr willkommen war, wollten die Ehefrauen davon durchaus nichts wissen, trotzdem ihnen gedroht war, die Rathsknechte würden ihnen beim Kirchgang und sonst aller Orte die besagten Hauben herrabreißen, die Borten abschneiden — und daß sie das Geschmuck auch mitnähmen, verstehe sich von selbst.

Bei so bewandten, unläugbaren Zuständen behaupten nun die zweiten Hochgelehrten:

„Es sei das trotzige, windflüchtige, prachtmäßige und über die bürgerliche Schlichtheit hinaus gehende Gethu besagter Weibsen als der „große Wind" zu nehmen, oder, wenn das nicht — eben die rasche Gewalt der hochlöblichen Rathspolizei, welche ihnen eines Sonntags, wegen stets neu bewiesener Unfolgsamkeit, wirklich wie das schnaubende Wetter über die mehr und minder anmuthigen Häupter herfuhr, worauf sie dann doch hätten nachgeben müßen."

Die Dritten laßen das Alles im Ganzen gar wohl zu, bringen aber „den großen Wind" wirklich in's Spiel.

Sie behaupten nemlich:

„Die Polizei sei den Weibsen zwar in Einigem, doch nicht in Allem Herr geworden, so daß es die Kühneren gleichwohl gewagt hätten, am nächsten Sonntag wieder in der verordnungswidrigen Pracht zur Frauenkirche über den Berg hinauf zu stolziren. Da seien nun die barbarischen Stadtknechte sogleich wieder bei der Hand gewesen, wären aber doch wohl nicht gänzlich zum Ziel gekommen, wenn nicht urplötzlich ein schrecklicher Sturm Hülfe geboten hätte, indem derselbe so ungeheuer gewüthet habe, daß es die Hauben und Bänder über die Kirche und die Stadt bis über die Isar hinüber riß — wie man denn eine Haube auch wirklich in Rammersdorf auf einem Baume hängend gefunden haben soll. Erst durch diesen schauerlichen Sturm, welcher den Weibsen ein, zu Gunsten der churfürstlichen Verordnung eingetretenes, Himmelszeichen zu sein schien, hätten sie sich nun in die vorgeschriebene Entbehrung gefügt — wodurch denn zu gleicher Zeit, sowohl der hoch-löblichen Rathspolizei die Sorge für den Untergang ihrer Autorität, als auch den Münchnerischen Ehehaltern die Angst wegen zu vielen Geldverbrauches hinweggeblasen worden sei."

Dieses ist, was Ihrer Dreierlei behaupten.

Uebrigens sind da noch andere vierte Hochgelehrte, welche der letzten Meinung zustimmen, aber dazu be-haupten:

„Der heftige Wind, — welcher bekanntermaßen gar oft noch heut zu Tage um den Lieb-Frauen-Dom weht — schreibe sich von dem anderen und früheren Wind her, indem ihn der Himmel zu einem stets wiederkehrenden Wahrzei-chen und zur steten Mahnung für die Jungfrauen und Frauen bestimmt habe."

Wie nun aber der Spruch zu verstehen sei, wenn „Ao. Eins" dazu gesetzt wird, darüber läßt sich nur Zweier-lei denken.

Nemlich ist damit entweder scherzhaft der Anfang der Welt gemeint — oder das Jahr 1801, in welchem die Mächte gegen Napoleon I. leider derart den Kürzeren zogen, daß er die Abtretung des linken Rheinufers erzwang, alle Ordnung im deutschen Besitz mit Keckheit umzukehren begann, zumal die rheinischen Fürsten willkührlich auf Ko-sten Anderer entschädigte und zu diesem Zweck ohneweiters die geistlichen Reichsstände und Reichsstädte wegblies.

Die ganze Aenderung ward vollzogen durch den Reichs-deputationsbeschluß von 1803, dem zu Folge von geistlichen

Fürsten nur der Churfürst von Mainz, welcher seinen Sitz nach Regensburg zu verlegen hatte, blieb, während von 43 Reichsstädten 37 ihre Selbständigkeit verloren.

Bei dieser Auffassung wäre der Scherz eben nicht gar erfreulich.

Wie düster aber die Sache auch sei, diese Auslegung hätte Etwas für sich — wenn nicht glücklicher Weise vom „großen Wind" schon im vorigen Jahrhundert die Rede gewesen wäre, wie ich von ganz alten Leuten weiß. Und das ist mir sehr tröstlich. Denn wenn man der Macht desselbigen Eroberers und Zwingherrn leichtsinnigerweise ein sprachliches Denkmal gesetzt hätte, so mißfiele uns das wahrlich Allen ganz und gar.

Jetzt habe ich Alles gesagt, was an bedeutendsten Meinungen über den „großen Wind" vorzubringen ist.

Es will mir aber Alles nicht recht taugen, und was ich mir selbst dann und wann weiters gedacht habe, tagt mir auch nicht — weswegen ich erst dann sprechen werde, wenn die Sache genau und unfehlbar hergestellt und bewiesen werden kann.

So viel ist aber hoffentlich sicher: Daß ein Jahr 1801 für uns Deutsche nicht mehr kömmt, und daß der nächste politische „große Wind" uns nicht schadet, vielmehr die Macht niederwehen wird, welche etwa dem deutschen Vaterlande in List oder Gewalt anwollte.

————◆————

Finis.

Nun geht es mit den Münchner Wahr-, Denk- und Merk-zeichen, ob groß, ob klein, zu Ende, und wie wohl ich weiß, daß die „Geschlechter-Wappen" sicher dazu zählen und von wesentlichem Werthe sind, so käme es dabei doch besonders auf ihre Abbildung an — deren wäre aber eine ganze Menge.

Doch möchte Ein und der Andere die Geschlechter der Münchner Vorzeit dem Namen nach kennen, deshalb will ich sie nach dem Alphabet hieher setzen, als:

Die Aindorffer, Altmann, Astaller, Bart, Dichtl, Diener, Donnersberger, Drächsl, Eisenmann, Engelschalk, Fenb, Freimann, Gaishofer, Gerolt, Gießer, Guldein, Häring, Höger, Hörl, Hundertpfund, Impler, Katzmaier, Kempter, Kral, Küchenmeister, Ligsalz, Müller, Riger, Perkhofer, Pfundmer, Pobmer, Pötschner, Pretschleifer, Pronner, Pütrich, Ramung, Reitmor, Resch, Ribler, Rosenbusch, Rudolf, Ruepp, Rußhaimer, Scharfzant, Schluber, Schmalholz, Schobinger, Schöttl, Schreiber, Schrenk, Seehofer, Sentlinger, Senftl, Spiegel, Starnberger, Stupf, Tegernseer, Tömlinger, Tulpek, Weiler, Weißenfelder, Wilbrecht.

Diese Geschlechter sind bis auf ein Paar, alle längst ausgestorben.

Und nun will ich nur noch von zwei ganz großen Wahrzeichen sprechen.

Von diesen ist das eine weithin im Bayerland — das andere weit aus in allen deutschen Landen sicht- und erkennbar.

Das Erste sind die zwei Kuppeln der Thürme unseres Lieb=Frauen= Domes.

In Sachen dieser Kuppeln hat sich schon gar Mancher die und jene Anspielung erlaubt, wie denn die Leute heute zu Tage, hier insonderheit die Zeichner, oft sehr kühn sind.

Nun es ist am Ende nie gar so bös gemeint gewesen.

Die gefährlicheren Feinde sind jedenfalls die hochlöblichen Baumeister, von denen so gar Mancher längst gerne bei der Hand gewesen wäre und statt der Kuppeln ein paar windige Spitzen auf die ehrwürdigen Thürme gesetzt hätte.

Damit geschähe allen wahren Münchnern traun kein Gefallen, und ich glaube nicht, daß sie dazu auch nur das kleinste Schärflein beitrügen.

Mit dem Verschönern ist es ohnehin so eine Sache — wir haben schon Gelegenheit gehabt, uns zu überzeugen.

Also uns sind die Kuppeln unter allen Umständen ganz recht und unsäglich lieber, als ein Haufe Eisenstangen aus einer modernen Fabrik. — Mehr sag' ich hierüber nicht.

Aber das sage ich, daß die zwei Frauenthürme selbst, abgesehen von ihren Kuppeln, ein treffliches Wahrzeichen guter Glaubenskraft, tapferen Muthes, richtigen, hohen Strebens in Sachen von hienieden und nach jenseits sind und daß sie in ihrer schlichten Erscheinung schon von ferne verrathen: Bei uns in Stadt und Land sei seelensicher, fest, geistesfrisch und zugleich behaglich zu leben.

Daß dieses so und nicht anders sei, das ist eben das ganz große Münchner- und überhaupts das zweite — das Wahrzeichen des bayerischen Landes.

Woher auch Einer kommen möge — wenn er einmal da ist, läßt es ihn schier nicht mehr fort.

Also scheint mir, es müsse bei uns in der Hauptsache doch viel beßer stehen, als in vielen anderen deutschen Landen und in anderen Städten — sei es nun im Leben, oder im Regiment.

Glaub's gerne, und da könnte ich gar Vieles in Vergleich bringen.

Ich thu' es aber nicht.

Denn kein Bayer und Münchner hat nöthig, erst von mir zu erfahren, wie gut wir daran sind, und Andere werden schon selbst wissen, wo es bei ihnen daheim fehlt.

So ist's.

Damit ist es mit den Wahrzeichen und was ich Alles darein flocht, zu Ende, und es kann sich Jeder von uns in Stadt und Lande in Betracht ziehen, was er will, und Jeder von Draußen desgleichen.

Von den Letzten möge nur Einer um den Anderen fleißig zureisen —

> Fürcht er Gott, den Herren sein,
> Dünkt er sich nit groß allein,
> Hält er Wort, ist sittenrein,
> Lieber rauh, als gar zu fein,
> Soll er uns willkommen sein!

Druck von G. Stabl.